U0691150

体育教学与体育文化融合研究

孙洪亮　陈思宇　张　强◎著

中国出版集团　现代出版社

图书在版编目（CIP）数据

体育教学与体育文化融合研究 / 孙洪亮，陈思宇，
张强著. -- 北京 ：现代出版社，2023.7
ISBN 978-7-5231-0405-7

Ⅰ．①体… Ⅱ．①孙… ②陈… ③张… Ⅲ．①体育教
学－教学研究②体育文化－文化研究 Ⅳ．①G807.01
②G80-054

中国国家版本馆CIP数据核字(2023)第119586号

体育教学与体育文化融合研究

作　　者	孙洪亮　陈思宇　张　强
责任编辑	张红红
出版发行	现代出版社
地　　址	北京市朝阳区安外安华里504号
邮　　编	100011
电　　话	010-64267325　64245264(传真)
网　　址	www.1980xd.com
电子邮箱	xiandai@ cnpitc.com.cn
印　　刷	北京四海锦诚印刷技术有限公司
版　　次	2023 年 7 月第 1 版　2023 年 7 月第 1 次印刷
开　　本	185 mm×260 mm　1/16
印　　张	11.5
字　　数	272千字
书　　号	ISBN 978-7-5231-0405-7
定　　价	58.00 元

前　言

　　体育教学是学校教育的重要组成部分之一，目的在于培养具有健康体魄与创新精神的德、智、体、美、劳全面发展的社会主义合格建设者和可靠接班人。培养能创新、有思想、能协作、会生存的全面型人才，是课程教育改革发展的需要，也是体育教育事业发展的需要。为此，教师在教学中必须解放思想，转变观念；尊重学生的主体地位，把学生的利益放在第一位；大胆尝试体育教学改革，及时摒弃不适应现代教学理念的传统思想与教学方式；有效地激发学生参加体育锻炼的积极性，同时提高体育课堂教学效果，促进学生身体素质的全面提高。尤其是新时代背景下，大学生不仅要具备强壮的体魄，还要具有开拓精神和现代意识，因此，实现大学体育教学与体育文化的融合是构建现代教学体系的必然要求，也是培养社会实用型体育人才的主要手段。

　　在实施高校体育教学时，必须实现体育教学与体育文化的结合，建设特色鲜明的大学体育文化，结合时代发展改革体育理念，创新体育教学方法，促进高校体育教学的实施，培养全面的现代化人才，实现教育教学的目的。本书主要研究高校体育教学与文化融合方面的内容，具体阐述了体育教学的内容、方法、高校体育教学的课程改革、高校体育文化体系、高校体育文化环境以及体育教学与体育文化的融合等。内容全面，结构完整，力求体现理论性、实用性、新颖性的特点，适合高校教育者及相关读者阅读，能够为我国高校体育教学的发展提供借鉴。

　　作者在撰写本书的过程中参考和引用了有关文献，在此向这些文献的作者致以真诚的谢意。由于作者水平所限，加之时间仓促，书中难免存在不足之处，敬请各位专家和读者批评指正。

目　录

第一章　体育教学研究概述 ·· 1

第一节　体育教学研究概念 ··· 1

第二节　体育教学和体育教学研究的目的 ······················· 5

第三节　体育教学研究的条件 ······································ 9

第四节　体育教学研究的原则 ····································· 14

第二章　高校体育教学的内容 ······································ 24

第一节　体育教学内容概述 ·· 24

第二节　高校体育教学内容的编排与选择 ······················ 30

第三节　现代高校体育教学内容的科学发展 ···················· 36

第三章　高校体育教学方法 ·· 42

第一节　体育教学方法概述 ·· 42

第二节　体育教学方法的发展趋势和设计理念 ·················· 45

第三节　体育教学方法的影响因素 ································ 51

第四节　体育教学方法的选择和运用 ···························· 55

第四章　高校体育教学课程改革 ···································· 59

第一节　体育课程教学理论概述 ··································· 59

第二节　体育教学内容结构体系构建与改革 ···················· 67

第三节　体育专业核心课程与特色课程 ························· 72

第四节 体育教育专业教材改革与建设 …………………………………… 83

第五章 高校体育文化 ……………………………………………… 89

第一节 校园体育文化的理论 …………………………………………… 89

第二节 高校校园体育文化的理论 ……………………………………… 96

第三节 高校体育文化的结构与内容 …………………………………… 100

第六章 高校体育文化体系构建 ……………………… 109

第一节 高校体育学科建设 ……………………………………………… 109

第二节 高校校园体育物质文化层建设 ………………………………… 114

第三节 高校校园体育精神文化层建设 ………………………………… 118

第四节 高校校园体育制度文化层建设 ………………………………… 125

第七章 高校体育文化环境建设 ……………………… 134

第一节 高校体育文化建设的原则与要求 ……………………………… 134

第二节 高校体育文化建设的内容与途径 ……………………………… 138

第三节 高校体育文化环境建设的策略 ………………………………… 148

第八章 体育教学与体育文化的融合与发展 …………… 154

第一节 体育教学改革中的文化动力 …………………………………… 154

第二节 体育教学与校园体育文化的关系 ……………………………… 165

第三节 学校体育教学中体育文化的传承 ……………………………… 171

第四节 体育教学与校园体育文化融合发展的途径 …………………… 174

参考文献 ………………………………………………………………… 177

第一章 体育教学研究概述

第一节 体育教学研究概念

全面实施素质教育，促进学生健康成长，是当前高校面临的一项艰巨任务。体育教学作为学生健康教育的重要内容，受到广泛的关注。体育教学的研究也越来越受到重视。体育教学研究是提高体育教师的教学能力和体育教学质量必不可少的工作，在体育教学过程中发挥着非常重要的作用。

没有研究就没有创新，没有创新就没有体育教育事业更好的发展。体育教学研究是提高体育教学质量、完善体育教学方法和策略的主要手段。放弃对体育教学的研究，体育教学将失去不断进步的动力和条件，体育教学也终将失去意义和生命力。

一、体育教学研究的概念

体育教学研究，即借助科学的研究方法、研究手段，针对体育教学的现状和存在的问题，不断完善体育教学的方法和手段，从而提高教学质量，借此向更多的体育爱好者和研究者揭示体育教学现象的本质及一般规律而开展的一项具有研究意义的工作。

体育教学研究的根本目的是提高体育教学质量，不断完善当今体育教学的理论知识。从对当前学校教育中体育教学的调查和研究来看，受应试教育的影响，很多学校忽视了体育教学的重要性，没有健全的体育教学理论知识，对体育教学的认识不足。随着素质教育的全面实施，各学校都应该加强对体育教学的研究，不断完善体育教学的理论知识和提高体育教学质量，从而提高学生的身体健康水平。

提高体育教学质量的根本途径是解决体育教学实践中出现的一系列问题，因此，可以将体育教学研究的对象定义为"体育教学实践中存在的影响体育教学质量的问题"，而不是体育教学中的一些理论问题。这主要是因为体育教学是以教学实践为主，体育教学中的理论知识只是实践教学的辅助，而体育教学实践是体育教学的最终表现形式，因此，要想不断地提高体育教学的质量，体育教学研究者应该对体育教学实践进行调研，从中找出存在的问题，然后根据这些问题对体育教学进行有针对性的研究。

体育教学研究是一项较为特殊的研究，其研究的对象是"体育教学实践中存在的影响体育教学质量的问题"，因此，体育教学研究方法的选择也应该从体育教学的实际和体育教学的本质出发，采用科学研究和教育实践研究相结合的方法，即从科学的角度分析体育教学实践中阻碍教育质量提高的主要原因，然后将这些分析结果以及分析的过程借助体育教学实践进行研究验证，这样才能联系实际解决体育教学中存在的问题，不断提高体育教学的质量。

体育教学研究的主要内容是体育教学现象的本质及体育教学中存在的规律。体育教学是学生学习生涯中必不可少的一个环节，是学校对学生进行身体健康教育，从而使学生陶冶情操、放松身心的主要方式。随着国家对青少年健康教育重视程度的不断提高，对学生进行健康教育是每个学校必备的课程。对体育教学的研究者而言，只有清楚体育教学现象的本质，了解体育教学中存在的规律，才能将体育教学质量的提高落到实处。

二、体育教学研究的意义

有很多的学生和教师认为，体育教学是一个没有任何实质意义的学科。但是从培养学生的角度来看，体育教育是不容忽视的，在体育课上，教师可以采用形式多样的教学方式，借助各种有利于学生成长的体育活动，加强学生的身体锻炼，在活动中潜移默化地培养学生的心理素质、团队意识、沟通交际能力等，这有利于学生的身心成长和发展。

（一）体育教学研究可以促进体育教学理论的发展

体育教育正式进入我国教育行业成为一门独立学科的时间还比较短，较其他学科而言，体育教育无论是在教学理论还是在教学实践方面，都有待进一步地研究和发展。在当今体育教学的发展过程中，人们对体育教学的研究主要是进行一些运动、锻炼等活动。但是体育作为一门独立的学科，与运动、锻炼等活动在目的、内容、性质、意义等方面都存在很大的差别。因此，我国之前在体育教学过程中使用的理论和实施的方式和方法并不能真正满足当前社会对体育教学的根本要求。因此，为了更好地保证体育教学的实施，提升体育教学质量，我们应该从当前体育教学的实际情况出发，从体育教学的特殊性出发，结合学生成长的特点对体育教学进行深入的研究和分析，制定出一套符合体育教学的理论和方法，降低体育教师进行体育教学时的盲目性，让其更好地为体育教学服务。

（二）体育教学研究有利于我国体育教学的改革和发展

近些年，改革成为我国教育事业所面临的一个重要课题，在教育改革政策和方针的约束和指引下，各个学段、各个学科的教学改革正在紧张地进行，体育教学改革也如火如荼地进行着。科学的体育教学研究有利于正确地把握我国体育教学事业的发展方向，有利于科学体育教学方法的发现和实施，有利于可行性体育教学模式的发掘。因此，体育教学研究有利于我国体育教学的改革和发展。

（三）体育教学研究有助于体育教师教学能力的提高

随着社会的发展进步，信息更新速度的不断加快，教学质量也在进一步提高，社会对教师的教学能力和知识储备的要求也在不断提高，因此，教学与研究互相渗透已经成为提高教学质量、完善教师自身素质的必经之路。体育教学研究能够直接提高体育教师的教学能力，可从以下几个方面进行分析：第一，能够提高体育教师的教学设计能力。体育教师在研究体育教学的过程中，会增强"问题意识"，更加清晰明了地拓宽体育教学设计的思路，完善体育教学的方法。第二，能够激发体育教师的创造性。体育教师在进行体育教学研究的时候，其所接触到的体育教学方面的知识也更加直观、全面，认识到的教学实践也更加客观和深入。第三，能够帮助体育教师获得更多的新知识，不断地拓宽其知识面。第四，能够促进教师之间的交流和合作，更好地促进体育教学知识和教学实践经验的增长。因此，体育教学研究有助于体育教师教学能力的提高。

三、体育教学层次的研究

从当前体育教学的特点以及体育教学研究的成果来看，体育教学研究并不是单一的研究层次。按照体育教学研究的内容不同进行层次的划分，不仅有利于教学研究的有效进行，而且有利于开展全面、深入的研究。

（一）描述现象层次的研究

描述现象层次的研究虽然是体育教学研究中最基础的工作，但也是最重要的工作。在进行这一层次的研究时，首先应该保证研究的客观、准确、全面性，这样才能获取体育教学各个层次的可靠信息，才能为体育教学的继续研究提供充足的信息。

（二）对描述现象进行解释和归因层次的研究

所谓对描述现象进行解释和归因层次的研究，其实就是在描述现象层次研究的基础上，对所描述的现象结合体育教学的特点进行认真的综合分析，研究出阻碍体育教学质量提高的原因。解释的主要意义在于帮助人们理解体育教学现象之间存在的联系，归因的主要任务就是阐述这种现象发生的实际原因。这一研究属于体育教学研究的中级层次。对于体育教学研究而言，要想不断地提高体育教学质量，就应该对目前体育教学中存在的现象进行正确、深刻的分析和归纳，这样才能正确地揭示体育教学中一些阻碍教学实施的现象，从中得到正确的因果关系。

（三）实证层次的研究

通过对体育教学研究层次中第二层次的研究，可以清楚地把握目前体育教学现象的因果关系，因此，实证层次的研究实际上就是对第二层次所获得的因果关系进行实证研究，其主要目的就是验证第二层次中所研究的因果关系能否在真实的体育教学环境中发生。因此，实证层次的研究是体育教学研究中的中心环节，这个环节可以获得最可信的研究结果。实证层次研究的主要方法是实验法，通过实验让假设的命题在一次次的实验中获得永恒的规律。但是由于体育教学研究面临很多不确定的因素，具有很强的社会性，在研究的过程中不可能像一般的实验研究那样拥有很多的可控性因素，因此，在进行实证研究的过程中，应该精心地进行命题的假设和推理，全面地设计实验，在对实验结果进行仔细分析的基础上，对实验所得出的结论进行恰当的总结和分析。

（四）理论和外推层次的研究

对于体育教学研究而言，在对所研究的体育教学规律进行实证之后，就应该将其概括总结为理论知识，因此，理论研究的主要目的就是说明体育实证层次研究中所得到的因果关系或体育教学规律的发生条件和原则。这一环节对于体育教学质量的提高很重要。外推的本质意义就是将所得的理论知识应用于实践教学之中，所以在进行理论和外推层次的研究中，最重要的两点就是对理论知识进行高度概括，并找出合适的外推手段。

四、体育教学研究的特点

众所周知，体育教学与其他的学科教学有着很大的区别，因此，体育教学研究也不等同于其他学科的科学研究和教育理论研究。根据体育教学的特点可知，体育教学研究的主要特点是学理性、实践性和复杂性。

（一）体育教学研究的学理性

体育教学本身就是以传递体育教学相关的知识和技能为过程的教学，所以其方方面面都是围绕着教与学进行的，无论是教师教授的过程还是学生接受学习的过程，都必须遵守教学的规律。因此，对体育教学的研究，也应该和其他学科的教学研究一样，归根结底都是学理性的研究。

（二）体育教学研究的实践性

体育教学的很多理论知识都是在实践的基础上产生的，并且在实践中得到验证，这使得教学理论能够在不断的实践中得到检验、修正、丰富和发展。因此，教学研究也应该围绕着教学实践进行，这样才能使体育教学研究成为真正有意义的研究。

（三）体育教学研究的复杂性

体育教学活动是由多种因素和变量组成的，但是这些变量之间并不是孤立存在的，每个变量都是与其他的变量相互约束、相互制约的。开展教学研究的根本目的，就是将这些变量之间相互作用的复杂关系展现出来。体育教学变量主要由三类变量组成：一是环境变量，主要表现在课堂环境和状态对学习效果的影响；二是过程变量，是指师生的课堂行为、知识特点等对学习成果的影响；三是结果变量，是指教师所期望的以及教师拟定教学活动计划所依据的、可用有效的教学目标和标准加以衡量的教育成果。

第二节　体育教学和体育教学研究的目的

大学体育是大学教育系统中的重要组成部分，是学生接受体育教育的最后阶段，也是建设学校社会主义精神文明和促进大学生全面发展的重要内容。根据我国社会主义现代化建设事业和现代人才培养的要求，增强学生体质，建立学生终身体育的意识，注意学生个性心理素质的培养，要通过科学合理的体育教学过程和科学的体育锻炼过程，使学生增强体育意识，提高体育能力，养成体育锻炼的习惯，通过教学过程让学生受到良好的思想品德教育，成为体魄强健的社会主义事业的建设者和接班人。

一、体育教学的目的

众所周知，体育教学是学校教育的重要组成部分，而学校所开展的体育教学又是体育终身教学的前提和基础，是培养广大青年健康体魄的重要课程，因此，体育教学质量的高低直接影响着国家和民族的生命力旺盛与否；不仅如此，体育教学质量也是社会文明进步的衡量标志。作为一名体育教师，必须明确体育教学的目的，强化学生对体育教学重要性的认识，培养学生参加体育教学的积极性。我国开展体育教学有以下几个方面的目的。

（一）提高青少年的体能综合素质

改革开放以来，我国的体育教学工作得到了蓬勃的发展，青少年的身体素质和生长发育状况也在不断改善。以落实"健康第一"为引领，树立"每天锻炼一小时，健康工作五十年，幸福生活一辈子"的学校体育工作理念，以培养青少年良好的体育锻炼习惯和健康的生活方式为重点，以加强体育课堂教学和课外体育活动为核心，以体育卫生设施和师资队伍建设为保证，以完善学校、社区、家庭相结合的青少年体育活动网络为支撑，形成青少年热爱体育、崇尚运动、健康向上的良好风气和全社会珍视健康、重视体育的浓厚氛围。

（二）提高学生对体育锻炼重要性的认识

学生在进行体育锻炼的过程中，能够不断地提高自身的综合素质，从体育教学中获取社会对青少年的要求，也在体育教学中获得基本的交际能力，不断提升自己的社会认同感，从而理解并认识到体育教学在青少年教育中的重要性。这样学生才能积极地学习体育知识，主动参与体育活动，这对我国体育教学的深入和发展都起到很好的推动作用。与此同时，提高对体育教学重要性的认识，能够激发青少年体育锻炼的主观能动性，激发他们健康向上的活力，提高整个国家和民族的生命力，推动我国体育教育事业的不断进步。

二、体育教学对体育教师的要求

体育教师是体育教学活动的组织者和指挥者，是体育教学活动的主体，体育教师能力和水平的高低直接关系到体育教学质量的好坏。因此，要想不断提高我国体育教学的质量，首先应该提高我国体育教师的知识水平和能力。体育教学对体育教师有以下几个方面的要求。

（一）具有丰富的体育教学知识和较高的教学水平

学生是教学活动的客体，在教学活动中承担着接受者的角色，所以，体育教师的专业知识和教学水平直接影响着学生的学习效果，影响着教学的质量。为了不断提高我国体育教学的质量，积极响应新课改的要求，要求体育教师具有丰富的专业理论知识和较高的教学活动的组织和策划能力，这样才能从根本上优化体育教学活动。

（二）能够充分调动学生的学习积极性

体育教学是一门充满活力和创造性的学科，具有很高的灵活性和趣味性，能够帮助学生在体育锻炼中获得一些必需的知识和技能。虽然体育教学相对于其他学科教学而言具有更多的趣味性，但是很多青少年并不愿意参加体育活动，这主要是因为体育教师在教学过程中没有重视对学生的引导，没有根据学生的特点和爱好充分调动学生的积极性。作为一名体育教师，首先应该具备对教学方法的选择能力，能根据学生的兴趣特点，策划一些有意义的体育活动，逐渐激发学生对体育运动和学习的兴趣。

三、体育教学研究的目的

我国体育教学正处于积极探索、不断寻求进步的阶段，需要制定出一套适合我国国情和学生特点的体育教学理论和方法，因此，开展体育教学研究成为提高我国体育教学质量的唯一出路。体育教学研究的目的主要有以下几个方面。

（一）提高我国体育教学理论水平

我国的体育教学理论一方面沿袭了传统的体育教学理论，另一方面来自对其他国家的有关体育教学理论的借鉴。但是，随着时代的发展，沿袭而来的体育教学理论已经不适应现在对学生的体育教学要求；由于所适用的学生群体不同，借鉴其他国家的体育教学理论与实际教学存在很大的矛盾。开展体育教学研究，能够在充分了解当前体育教学存在的不足的基础上，对当前体育教学中存在的问题和不足进行深入的分析和研究，找出传统体育教学理论需要补充和修改的理论内容。再根据我国青少年成长的特点，将由国外借鉴而来的体育教学理论与传统体育教学理论进行科学的融合，这样才能完善我国的体育教学理论，提高我国体育教学理论水平。

（二）对体育教学进行改革

随着素质教育的不断推行，各类学科都在根据社会的需求进行教学改革，体育教学改革也受到了更多的关注。体育教学研究应结合学生的特点、社会的需求、社会的发展趋势等进行，奠定体育教学的改革方向，不断优化体育教学方法，并运用假设和实验的方法对所获得的新教学方法进行可行性分析和研究，这样才能有针对性地改革体育教学。

（三）提高体育教师能力

随着社会的不断进步，任何学科对教师的能力要求都在不断提高。从教师的职业发展来看，教师是一个需要终身学习的职业，要随着社会的变化不断更新自己的专业知识和技能。目前，教学与研究相结合成为教师提高自身知识水平和教学能力，提高教学质量的必经之路。对于体育教师而言，他们在对体育教学问题的研究过程中，能够发现和学到更多有关体育教学的知识；在不断发现问题和解决问题的过程中，获得有关体育教学的新知识，对体育教学实践的认识也更加全面、深入、客观；在不断研究过程中，还能对所研究的问题进行总结，从而激发其在体育教学方面的创造性。同时，体育教学研究能够促进体育教师之间的交流和互动，从而提升体育教师团队的整体水平。

（四）规范体育教学流程

体育教学研究，实际上就是对体育教学过程中涉及的各种教学因素以及教学规律所进行的研究。任何一种教学都是从初步走向成熟，从适应走向规范，再加上体育教学本身相对于其他学科的教学活动而言，具有很多不确定的因素，教学过程难免会受到不确定因素的影响，最终导致教学过程的失败。教学实践和教学过程的规范实际上是相辅相成的关系，教学流程在教学过程中起到指导性的作用，同时教学过程也在实际的进行中影响着教学流程，使其不断完善和规范。开展体育教学研究的根本目的之一，就是通过对教学过程的监督和分析，找出教学流程中导致教学效果不理想的原因，然后对其进行改正，不断地规范体育教学流程。

（五）提升我国体育教学研究团队的整体水平

优秀的体育教学研究团队，需要在不断的研究、突破、创新中得到提高，如果一个团队缺少对本职业的研究队伍，那么不仅这一团队的整体水平难以提高，同时也失去了竞争力。在改革开放的今天，各国之间的教育、经济等都趋于透明的状态，即使是同一个地区或是同一学校的体育教学之间也存在竞争的关系，在这种市场竞争逐渐激烈的环境中，如何不断地突破自己，提升整个团队的科研水平，提升体育教学研究者的专业能力，这不仅是每个体育教学工作者应该面对的问题，也是市场竞争的必然趋势。教育工作者从事体育教学研究，可以在不断的研究过程中，提升自己的专业知识，优化自己的专业技能，同时增强自己在体育教学方面的能力，从而提高我国体育教学研究团队的整体水平，提升我国的体育教学质量。

通过上述对体育教学目的及其研究目的的介绍，我们可以看出，随着体育教学地位的逐渐提高，教学研究已经成为当前体育教学过程中的新课题，也是体育教学工作者必须面对和探讨的课题。体育教学工作者都应该积极地参与体育教学研究的工作，不断发现体育教学过程中的问题，创新自己的思路，以保证体育教学质量的不断提高。

第三节　体育教学研究的条件

体育教学研究是一个多因素的、复杂的教育活动，所需要的条件也有很多，主要体现在以下几个方面。

一、对教学主体的了解和掌握

学生是体育教学的参与者，也是教学任务的接受者，没有学生，体育教学就失去了意义，因此在对教学进行研究的过程中，条件之一就是了解学生。但是，在体育教学研究过程中，除了学生这一学习主体之外，教师也起到非常重要的作用，因此，除了要充分了解学生外，还要了解体育教师在教学过程中存在的不足之处以及需要改善的地方，为体育教学研究提供研究基础和材料。

对学生和体育教师的了解和分析是体育教学研究的重要对象，也是进行体育教学研究过程中其他方面研究必备的条件。体育教学研究过程中对于教学主体的了解和掌握具体包括以下几点。

（一）各个年龄阶段学生的身体发展状况

体育教学同其他学科的教学一样，是一种循序渐进的过程，具有阶段性。因此，在进行体育教学和研究的过程中，首先应该清楚各个阶段学生的身体和心理的发展状况，这样有助于体育教学研究者制定针对性的研究计划和体育教学改革的策略。

（二）学生对体育课的兴趣

对任何一门学科而言，兴趣绝对是提高这门学科教学质量的催化剂。调查学生对体育课的兴趣也是体育教学研究的关键一环，这样能从学生的角度出发，了解学生对体育教学的需求，有助于体育教学研究的不断深入。

（三）体育教师的职业特点和能力结构

了解体育教师的职业特点和能力结构，能够掌握我国体育教学过程中对教师能力以及综合素质的要求，明确现实与要求之间的差距。这样才能明确体育教学研究中教师能力提高的方向，优化教师队伍。

（四）体育教师所具备的基本条件

随着新课改要求的不断深入，体育教学逐渐在学校教育中占据越来越重要的地位，也逐渐发挥其自身的重要作用。体育教学是一项较为复杂的实践性教学，因此要求体育教师必须具备专业的体育教学知识和较高的教学能力等。研究体育教师所应具备的基本条件，有助于明确体育教师能力研究的范围。

二、明确体育教学研究的思想和目标

体育教学研究是一项有意识、有计划、有组织的研究性活动，一切体育教学类的研究活动都离不开对体育教学价值的判断和思考。明确体育教学研究的思想和目标，从研究意义上说，实际上就是把握体育教学研究的方向、在研究的过程中极力发掘任何有利于体育教学发展的体育教学理论和教育方法。体育教学研究的思想是指导体育教学研究者行动的主要依据，缺少体育教学研究的思想就无法顺利实现体育教学研究的目标。特别是在我国激励倡导教学改革的时期，体育教学受传统教学观念的影响，很难突破传统教学模式和教学方法的局限，在这种格局中，只有明确研究目标、坚定研究思想，才能将体育教学研究的目的落到实处，才能不断提高我国体育教学的质量。要明确体育教学研究的思想和目标，需要清楚如下内容。

（一）体育学科的功能与价值

体育学科的功能与价值是确定体育研究目标的前提条件，也是从事体育研究所必须掌握的条件，两者缺一不可。体育学科的功能与价值明确了体育教学在学校教育中的重要作用，为体育教学研究提供目标的参考和研究方向的借鉴。

（二）体育教学研究的指导思想

体育教学之所以能够上升到一门研究性学科的重要地位，主要是因为我国已经认识到体育教学在学生成长和发展中的重要作用。体育教学研究的指导思想是保证体育教学研究顺利进行的前提条件，因此，只有明确体育教学研究的指导思想，才能保证体育教学研究有条不紊地进行。

（三）体育教学研究的目标

体育教学研究的目标是体育教学研究的指导，它为体育教学研究指明了方向，奠定了坚实的基础。只有明确体育教学研究的目标，才能更加清楚体育教学研究的方向，明确体育教学研究的意义，因此，明确体育教学研究的目标是体育教学研究的前提条件之一。

（四）明确体育教学改革的方向

随着素质教育的全面推行，体育教学也被正式纳入新课改的范畴，新课改也因此成为体育教学研究的必经之路。与此同时，在从事体育教学研究的时候，应该清楚体育教学改革的方向，这也是体育教学研究的方向。因此，明确体育教学改革的方向是开展体育教学研究必备的条件之一。

三、明确体育教学的过程

体育教学是体育教育活动的主要表达形式，也是保证学生健康成长的主要方法。但是，体育教学与其他学科的教学又有着很大的不同，因此明确体育教学的过程是体育教学研究的重要内容。明确体育教学的过程既是体育教学研究需要掌握的基本理论问题，也是体育教学研究活动顺利进行的前提条件。详细了解和掌握体育教学的过程，明确体育教学过程中所涉及的一些基本步骤和内容，是正确认识体育教学的本质、特点和教学中所涉及的一系列教学规律的基础。体育教学过程对教育本身而言，是教育目标实现的根本途径，而教育研究的根本目的就是提高教学质量，教学质量的提高体现在教育过程中的每步。因此，体育教学研究者必须明确体育教学的过程，这样才能保证体育教学研究具有教学针对性，起到实现体育教学质量提升的重要作用。

作为体育教学研究的前提条件之一，对体育教学过程的了解和掌握主要包括以下几个方面。

（一）体育教学过程的特点

体育教学过程的特点是体育教学区别于其他教学的明显特征，也是了解体育教学过程所必须掌握的关键因素。体育教学过程是一个特殊的教学过程，也是一个十分强调实践性的教学过程，并且教学过程中会受到很多不确定因素的干扰。因此，对每个体育教学研究者而言，要十分明确体育教学过程的特点，这样才能帮助他们更清楚地掌握体育教学的过程。

（二）体育教学设计

体育教学的过程实际上就是体育教师对体育教学进行教学设计的过程，体育教学设计要体现不同阶段学生的特点，所设计的教学活动也要有利于学生的成长和发展。因此，体育教学设计是体育教学过程中的重要环节，是体育教学过程不断优化的有力保障。体育教学研究者应该具备体育教学设计的能力，清楚教学设计的功能和作用，这样才能促进体育教学研究的不断深入。

（三）体育教学过程"三段式"

体育教学过程"三段式"是一种新的体育教学形式，也是保证体育教学过程顺利进行、保证体育教学质量的主要形式。"三段式"教学过程是指将体育教学过程分为开始、准备和结束三个部分，体育教学研究中对体育教学过程的研究也要依照这三个部分进行，因此，体育教学研究者应该具备对教学过程"三段式"的理解和运用能力。

（四）体育教学方法

体育教学方法是体育教学过程的重要组成部分，它是衡量体育教学过程是否有利于学生成长和发展的主要依据。在进行体育教学过程的研究时，应该清楚每种教学方法，详细了解每种教学方法适用的学生群体以及它们的功能和价值，这样才能对教学方法进行可行性研究。

四、了解体育教学的内容

体育教学是通过教师向学生传授体育运动这一技术载体而实现的。对于体育教学而言，体育教学活动的运动技术较为丰富多彩，而且每种体育教学活动均有其特定的功能和作用。因此，体育教学内容是体育教学研究的方向之一，是体育教学活动的载体，也是体育教学能够顺利进行的保证。对体育教学研究而言，只有充分地了解体育教学的内容，才能更清楚地确定体育教学研究的方向。除此之外，目前我国体育教学的现状不容乐观，教育内容也存在很多不足之处，开展体育教学研究的目的之一就是找出这些不足之处，不断优化教学内容，填补体育教学在教学内容上存在的缺陷，从根本上改变体育教学，不断地提高体育教学的质量。因此，了解体育教学的内容是体育教学研究尤为重要的前提条件之一。

体育教学内容包括很多方面，对于体育教学内容的了解主要包括对体育与健康知识的了解、体育运动文化知识研究、体育教学内容的选择依据研究、体育教科书研究、体育教学计划研究等诸多方面。

（一）体育教学内容的逻辑

体育教学内容较为复杂，这就需要体育教学工作者厘清各教学内容之间的特点和关系，这样才能明确各内容之间的逻辑，便于研究过程中的分类与整合，保证教学研究正常进行。

（二）体育教学内容的选择标准和程序

体育教学内容的选择标准和程序，是体育教学研究中必须明确的问题之一，是进行体育教学内容研究和教学过程研究的前提。如果体育教学内容的选择标准和程序不明确，那么就无法保证体育教学研究的科学性。

（三）对民族传统体育活动的了解

体育来源于生活，每个地区的传统运动项目都有其背景和意义，但是随着社会的不断发展，一些具有地方特色的传统运动项目逐渐走向消亡。为了培养学生对地域传统运动项目的继承和发扬，保证该地区的体育教学项目能够凸显地域特色。

五、考量体育教学条件

体育教学具有很强的实践性，因此体育教学离不开良好物质条件的支持，同时对教学环境也有很高的要求，否则就不可能有高质量的体育教学。

在进行体育教学研究的过程中，研究者需要对教学条件进行充分的考量，主要包括掌握教学场地和器材的现状、清楚体育教学中所需场地和器材的标准、掌握新型运动器材和运动器具的用法和作用等，只有这样，才能保证体育教学研究过程的全面性和科学性。

（一）掌握教学场地和器材的现状

体育教学研究也是对体育教学过程的研究，其根本目的就是不断优化体育教学过程，提高体育教学质量。因此，在对体育教学进行研究的时候，首先要对体育教学的场地和器材现状进行调查，以便更好地掌握体育教学的动态，从而对体育教学开展更为细致的研究。

（二）清楚体育教学中所需场地和器材的标准

每个阶段的体育教学，其对场地和器材都会有着不同的要求，这是保证体育教学过程正常进行的基础。在体育教学研究过程中，应该清楚体育教学中所需场地和器材的标准，以便研究者根据此标准进行合理的研究，在研究中保证对教学场地和器材的进一步优化。

（三）掌握新型运动器材和运动器具的用法和作用

随着科学技术的不断发展，掌握新型运动器材和运动器具的用法和作用逐渐成为体育教学研究中的重要内容之一，这也是体育教学研究的条件之一。每种运动器材和运动器具相对应的教学作用和功能以及适用的人群有所不同，为了保证体育教学研究的有效性，并且能够让新型运动器材和运动器具在教学过程中的作用得到充分发挥，体育教学工作者需要掌握新型运动器材和运动器具的用法和作用。

第四节　体育教学研究的原则

一、体育教学原则概说

（一）体育教学原则的定义

原则就是指人们说话办事依据的准则和标准。在人类教育发展的过程中，人们通过总结各种教学实践经验，研究教学工作的成败，得出了教学成功的规律，提出了各种各样的教学原则。教学原则是依据一定的教学目的、任务，遵循教学过程的规律而制定的对教学的基本要求，是指导教学活动的一般原则。教学原则来源于教学实践中，是人们经过长期的教学活动，对教学客观规律进行的归纳和总结，体现了人们对教与学的发展过程所反映出来的客观规律的认识。

教学规律是客观存在的，不以人的意志为转移，是教学过程中固有的、本质的、必然的联系。人们只能发现它和利用它，不能违背它、改变它，只能在教学中不断地认识它。教学原则是人们根据对教学过程规律的认识而制定的，要搞好教学工作就必须遵循教学要求。同时，教学原则是主观对客观的反映，有正确与错误之分，它可以随着教学实践的变化而变化。教学原则是根据教学规律而制定的，只有教学原则正确地反映了教学规律，教师在教学中很好地掌握和利用了教学原则，教学才能取得成功。所以，教学原则与教学规律是一致的，它们在教学活动中都具有很大的指导意义。在教学中，这两者都是必不可少的。

（二）体育教学原则提出的客观依据

体育教学原则是在教学实践中，教师或专家经过长期的教学经验的积累，通过科学的研究总结上升到体育教学的理论。教学原则不是随意提出来的，它的提出主要有下面几点客观依据。

1. 体育教学目的是体育教学原则的重要依据

体育教学原则的制定和实施要依据一定的教学目的。体育教学就是要实现一定的教学目的，完成一定的教学任务。任何一个教学原则或教学原则的体系的提出，必须服从于一定的教育目的。我国社会主义教育的目的，是使受教育者在德、智、体、美、劳方面都得到发展，成为从事社会主义现代化建设的有用人才。这一目的从总体上规定了社会主义学校教学活动的发展方向和预定的发展结果，指导和支配着教学活动的各个方面。教学原则作为指导教学活动的基本要求，必须遵循和反映这一目的。

2. 体育教学原则是体育教学经验的概括和总结

体育教学原则的制定要依据体育教学实践经验。最初体育教学原则的提出大多依据的是自己的教学实践经验。体育教学原则是长期体育教学经验的概括和总结。实践是检验真理的唯一标准，体育教学实践经验对体育教学原则的制定永远具有重要意义，它不仅是制定体育教学原则的依据，还是检验体育教学原则的标准。体育教学原则的正确性、实效性，不是由人的主观意愿来决定的，体育教学实践是唯一的检验标准，通过体育教学实践可以进一步修正、完善体育教学原则。人们在从事体育教学实践的活动中，不断探索出了成功的经验或失败的教训，对这些经验和教训要反复认识，不断总结和深化，由感性认识上升为理性认识，经过抽象概括，对体育教学规律有所认识，从而制定体育教学原则。

3. 体育教学原则是体育教学规律的反映

体育教学原则反映的是体育教学过程的客观规律，它的提出必须以体育教学过程的客观规律为依据。然而，因为受很多因素的影响，人们对体育教学过程规律的认识又是不相同的。人类对体育教学过程规律的认识是逐渐接近的，而不是一成不变的，这些情况使得不同年代、不同教育家所提出的体育教学原则也不同，但都反映了人们对体育教学规律一定的认识水平。体育教学原则与体育教学规律的不同在于：体育教学规律是客观存在的，是不以人的意志为转移的，人们可以认识它或利用它，但不能制造或消灭它；体育教学原则则不同，一方面它固然要有对教学规律的认识，另一方面又必然地加进了制定者的主观意志因素。因此，研究和制定体育教学原则时，必须深刻认识和了解教学规律。

（三）体育教学原则的意义与作用

在整个体育教学过程中，体育教学原则是教学过程的出发点，它在一定程度上决定着体育教学内容的安排、体育教学方法的选择和体育教学组织形式的运用。体育教学原则确定之后，它对体育教学活动中的内容、方法、手段、形式的选择，都有着积极而重要的作用。教学论原则体系就是对学习和掌握教材的基本途径的总体说明。体育教学原则产生于人们长期的体育教学活动实践中，它本身凝结着许许多多优秀教师的宝贵经验。因此，科学的体育教学原则在人们体育教学活动实践中的灵活运用，对体育教学活动有效、顺利地开展，对提高体育教学活动的质量和效率都会有着积极的作用。

体育教学活动越是符合体育教学原则，体育教学活动就越是容易成功；反之，体育教学活动越是脱离体育教学原则的要求，体育教学活动就越是可能失败。但由于体育教学活动是不断发展的，并且体育教学模式多种多样，不同的体育教学模式需要不同的体育教学原则与之适应，因而体育教学原则也处在不断变化与发展之中。所以，正确地理解和贯彻体育教学过程中的客观规律，对明确体育教学目的、选择与安排好体育教学内容、正确地运用体育教学方法、提高体育教学效果、加速体育教学进程、完成体育教学任务具有重要意义。

学习和掌握体育教学原则能使我们按照体育教学的客观规律组织体育教学活动，正确解决体育教学内容、体育教学方法和体育教学组织形式等一系列理论与实践问题。遵循体育教学原则进行体育教学工作，就能提高体育教学质量，达到预期的体育教学目标。

二、体育教学原则体系构建

体育教学原则体系，是指反映体育教学规律的多个原则，不是孤立分散的，而是有机的相互联系的组合。只有建立一个科学完整的体育教学原则体系，才能发挥体育教学原则对整个体育教学过程以及体育教学活动的各个基本环节的指导作用。要取得体育教学的成功，就必须把整个体育教学原则体系综合地运用起来。体育教学原则的作用在于保证学生获得知识、技能和技巧，而这些原则又是相互关联、相互支持的，可以构成一套相对独立的体系。实际上，由于学生在学习过程中各种智力因素和非智力因素是相互联系的，形成了各自相对独立的体系，而体育教学原则正是在这个基础上制定的，因此也就必然会形成一套体系。

可见，体育教学原则既有共同性，也有特殊性，不同的学生应采取不同的体育教学原则体系。无论从哪个角度或出发点来提出体育教学原则体系，都必须突出体育教学的特点，体现体育教学特点的内容，这也是制定体育教学原则最为基本的要求。

（一）师生共同协作原则

所谓师生共同协作原则，是指体育教学活动中，体育教师在充分发挥主导作用的同时，还要充分调动学生学习的主动性和积极性，使体育教学过程完全处于师生协同活动、相互促进的状态之中。它的实质就是要处理好体育教师与学生、教与学的关系。师生共同协作原则是体育教学过程中教与学相互影响与作用规律的反映。教学是教师的教和学生的学相互作用的活动过程。在这个过程中，体育教师的活动与学生的活动只有朝着一个共同的方向，相互配合、相互协调，才有可能取得比较好的体育教学效果，完成体育教学任务。体育教学实践中要实现师生共同协作原则，须遵循以下几点要求。

1. 发挥体育教师的主导作用

体育教师应充分发挥在体育教学中的主导作用，在教学过程中要培养学生的学习兴趣。师生活动的协同，不仅是体育教师积极地教，更重要的是学生能够积极地学，也就是让学生主动地参与和适应体育教学过程。体育教师必须教给学生学习的方法，培养学生独立的思维能力，使学生真正获得学习的主动权，在遇到问题时，要引导学生做出正确的选择或找到解决问题的办法，不能让学生放任自流。在体育教学过程中，需要教会学生掌握更多的学习方法。体育教师要在传授知识技能的同时传授学习方法，根据体育课程的特点，教给学生学习的方法。教师要在体育教学中向学生做出科学学习方法的示范。体育教师还可以在课后定期召开学习经验交流会，使学生学到有效的学习方法。要很好地发挥体育教师的主导作用，这就要求体育教师自身有较高的素质，以高质高效的工作去满足社会和学生的需求，有能力、有水平、有方法、有热情地去组织实施体育教学活动。所以，体育教师必须提高自身素养，这样才能在体育教学过程中对学生进行很好的教育，使学生懂得更多的知识。

2. 调动学生学习的积极性和参与意识

教学的启发性表现在采取有效的方式，激发学生学习的积极性，通过学生自己来解决问题。在体育教学中，通过启发性的提问、正误对比的示范、做动作前的想象回忆，以及组织学生互相观察、互相帮助，鼓励学生完成动作时进行自我评定和自我调节等措施，促进学生积极思维，提高学习的自觉性。在体育教学中，教师对学生的启发教育工作做得如何，就是看他在教学中是否善于引导学生开动脑筋去思考问题。

体育教师在教学中的主导作用是否发挥得好，这主要看教学是否充分尊重了学生的主体地位，是否充分调动了学生的主动性，是否积极地鼓励学生参与教学活动。在体育教学中要着重培养学生的独立性和创造性，培养学生独立解决问题的能力和创造性地运用所学的知识、技能、技术的本领，所以，体育教师要鼓励学生敢于提问题、善于提问题，要学会用多种方法解决同一问题，进行独立思考，以便使学生的思维得到很好的锻炼。

3. 依据教学任务确定教学内容

体育教学要激发学生的主动性和积极性，教学内容和要求必须符合学生的实际需要和兴趣。如果教学内容过难或过易，标准过高或过低，学生无法完成教学任务或很容易就完成了教学任务，都会影响到学生的积极性和主动性。体育教师应该根据学生的具体情况和教学任务来确定教学内容，在教学中制定符合学生实际情况的参照标准。有了参照标准，就可以对不同的学生进行正确的评价、估计，不断鼓励和鞭策学生，使学生努力达到制定的标准，让学生有成就感，这样就可以增强学生学习的信心，有效地激发学生的积极性和主动性。

4. 培养学生对体育学习的浓厚兴趣

要使学生积极主动地参与体育学习，完成体育教学任务，前提是学生对体育学习感兴趣。如何培养学生对体育学习的浓厚兴趣，这就需要体育教师在教学实践中善于发现学生学习的特点和心理倾向，这个问题还有待于进一步深入研究。

首先，通过体育教学活动使学生不断有新的进步，从而获得成就感，这就获得了成功的体验。一个人在实践中对某一事物产生兴趣，往往是由于取得了进步或成功，受到鼓励或赞赏并获得满足感后而逐渐形成的。为此，体育教师应努力使学生具有良好的学习状态，树立学生学习的信心，使他们看到自己的进步。成功的教学方法应富于多样性、活跃性，使学生轻松愉快地学习。

其次，学习的兴趣与学习的动机是相互关联的，有的学生通过考核取得了好成绩，就会表现出对学习的主动性和积极性。如果通过努力取得了更大的成功，获得了鼓励和赞扬，再通过教师的正确引导和帮助，就可能会使兴趣得到巩固和提升。所以，在体育教学中教师要注意培养学生的学习兴趣，使学生的兴趣和正确的学习动机结合起来，逐渐对体育学习产生更大的兴趣和爱好。

（二）因材施教原则

因材施教原则是要求体育教师在教学中从实际出发，根据不同对象的具体情况，采取不同的方法，进行不同的教育，使每个学生都能在各自原有的基础上得到充分发展。在古代，我国已经有很多学者运用了因材施教原则。孔子就是因材施教的先行者，他根据不同学生的特点来选择教学内容和使用教学方法。当代许多教育家在研究学生个别特点、组织个别指导方面，也提出了许多进步的主张，并采取了不少具体措施。在教学中教师要正确理解和重视因材施教原则，并认真贯彻好因材施教原则。体育教学中贯彻因材施教原则时，要遵循以下几点要求。

1. 深入细致地了解学生

在体育教学中要贯彻因材施教原则，教师必须研究和了解学生，这是整个教学的根本出发点，也是因材施教原则的前提条件。教师研究和了解学生，就是要弄清每个学生的兴趣、爱好、性格特点、学习态度、知识基础、健康状况以及家庭、社会背景等。教师可以通过问卷调查、查阅资料和咨询等方法对学生进行细致的了解，找出每个学生的个体差异，并对这些个体差异进行全面的分析，在此基础上考虑区别对待的对策。对于学生的个体差异，教师要区别对待，要用发展的观点看问题，要具体情况具体分析。

2. 因材施教与统一要求相结合

统一要求是指按照国家统一规定的教育目的、教学计划来进行教学。教学要达到国家所规定的基本要求就必须按照统一要求来完成教学任务。体育教师要教育和要求学生正确处理好体育学习与发展个人兴趣、爱好、特点的关系，使他们能够按照国家的统一标准努力学好课程知识。在实施统一要求的同时，教师再根据个别差异进行重点指导，使学生充分发挥个人的特长，有了统一要求，体育教学才会有共同的标准和规格，才不会降低教学水平；教师做到了因材施教，才能有效地使学生得到充分发展。

3. 正确对待学生个体差异

每个学生的身体素质、心理特点、兴趣爱好、知识掌握程度等方面都有可能存在差异，这些差异在体育教学中的影响是相当复杂的。一个学生可能在某些方面会表现出长处，而在另一方面则会表现出短处，或者存在着差异。比如在思考问题上，有些学生思维敏捷，反应较快，善于逻辑推理；有些学生则可能反应比较迟钝。这些差异的形成原因是多方面的，有的是个性特点的表现，也有的是学习上的不同体验造成的。体育教师必须对学生表现出的差异进行全面而具体的分析，区别对待，处理好这些个体差异以避免给体育教学带来不必要的影响。同时，体育教师要明白，这些个体差异具有不稳定性，某一方面的短处在一定条件下是可以转化为长处的。所以，教师要用发展的观点看问题，正确看待个体间的差异，引导学生互相帮助、互相学习、互相评价等。通过开展一些活动和教育使师生在思想上都具有正确对待个体差异的认识和行为。

4. 通过各种教学形式创造因材施教的条件

在体育教学活动中，教师要采用多种教学形式因材施教，对不同类型的学生采取有针对性的、灵活多样的措施。对身体条件和运动技能比较好的学生，教师不仅要发现他们，更重要的是要采取有效的措施精心培养他们，为他们进一步发展创造良好的条件、提出更高的要求，对身体条件和运动技能比较差的学生，教师可以单独给他们补习功课，给予特别的关怀和照顾，并深入研究他们的心理活动特点，从实际出发，制订一套适合他们特殊情况的措施。另外，还要针对不同的学生采用不同的教学形式，提出不同的教育措施。通过多种教学形式使全体学生都能有进步，使每个学生都能体验到学习和成功的乐趣。

（三）促进身体健康与全面发展原则

体育教学的首要任务就是要促进身体的健康，帮助学生实现全面发展。"健康第一"是体育教学最重要的思想，体育教师时刻要把增进学生身体健康与学生的身心全面和谐发展有机地统一起来，把传授体育知识、技能、技术与培养能力、发展个性统一起来，全面实现体育教学目标。体育教学就是通过身体的练习促进学生身体各器官机能的发展，提高身体健康水平，达到强身健体的目的，使学生有充沛的精力完成各项教学任务，并为终生体育奠定基础。有了健康的身体，才能更好地发展学生的感知、观察、判断、想象、创造性思维能力，才能培养学生健康的情绪和情感、良好的社会行为、高尚的道德和情操，使学生各方面都得到和谐发展。在体育教学中要贯彻促进健康与提高学生整体发展的原则，需具体遵循以下几点要求。

1. 全面贯彻教学大纲提出的目标和要求，发挥好体育教学功能

体育教师要认真学习，在贯彻大纲精神的同时，还要注重基本理论知识的教学，让学生从书本上学到更多的知识，了解健康的价值，参与各种身体锻炼以增进身体健康，以便更好地实施体育实践活动。加强培养学生健康的心理素质内容，教育学生热爱生命，增强身体健康，适应社会各种环境，增强心理承受能力和遇到挫折时的承受能力。

2. 通过体育基础知识的学习，使学生学会自我学习

体育与健康的基础知识在体育教学中起着重要的作用。通过理论知识、基本技术、基本技能的教学，促使学生主动地学习，使学生学会学习，学会自我锻炼、自我评价，学会科学的锻炼方法，这样学生就能够在良好的学习氛围中快乐、主动地学习，为身心健康、全面发展和终身体育奠定基础，从根本上学会学习、学会做事、学会做人。

3. 体育教学必须通过各种方法促进学生身体各部位全面健康发展

体育教学活动就是要在提高基本技术、基本技能的基础上，促进学生身体各部位、各

器官、各系统的机能和基本活动能力的全面发展。人体是在大脑皮层统一调节下的有机体，尽管身体任何运动都是相互联系的、互相制约的，身体上某一运动器官的活动，都会对其他部位生理机能有促进作用，但是如果经常进行某项单一的身体运动，偏于某个部位或某一器官的活动，就会造成身体某些部位的畸形发展，影响整个身体的全面健康发展。因此，体育教学要注重强调运用多种教材、多种手段、多种方法进行适合学生身体健康发展的教法，有计划地对学生进行科学、全面的训练，系统地提高学生健康水平，使学生身体均衡、健美、健康地全面发展。

4. 教学计划应结合体育教学促进学生身心全面发展

在制订体育教学计划时，应结合体育教学，把促进学生身心全面发展贯穿于整个教学过程中，要使学生达到全面锻炼的效果，合理安排各项教材内容，结合各教材内容的特点，相互弥补各教材内容的缺陷，以使学生更好地进行练习，使学生身心得到更好的发展。体育教学具有很多特点，它还会受季节、场地器材、气候等不同条件的限制。因此，仅仅通过短时间的教学，就达到全面锻炼的要求是不可能实现的，只有把长时间的教学看成一个完整的过程，才能做出合理的、全面的安排。一个完整的教学过程是由每节课组成的，所以，教师必须重视每节课的教学安排，使教学内容尽量全面。

5. 在体育教学的各个阶段中，注意促进学生全面和谐发展

在体育教学中，制定教学任务、选择教学内容和运用各种教学手段和方法时，都应注意增进学生健康，并促进学生全面和谐发展。体育课的活动包括身体各部分的活动，既要能提高身体素质，又能促进身体各部位的发展，还要有针对性地安排某些身体素质的内容，这样才可以弥补基本教材对身体全面发展的不足。

（四）适量的身体运动负荷原则

适量的身体运动负荷原则是指在体育教学活动中，根据体育教学的特点，合理安排学生能够接受的生理负荷和心理负荷，使练习与间歇合理交替，使机体不断适应新的负荷的刺激，以满足学生锻炼身体和掌握运动技能的需要，达到增进健康、增强体质的目标。在体育教学中要贯彻适量的身体运动负荷原则，须遵循以下几点要求。

1. 适量的身体运动负荷要服从体育教学的目标

适量的身体运动负荷的最终目标就是锻炼身体和提高运动技能，只有科学地安排运动量才能更好地实现教学目标。合理安排身体的运动量对实现体育教学目标起着决定性作用，教师不能忽视运动对教学目标的影响，更不能一味地追求相同的运动量或大运动量，

教师要让学生意识到这一点，并合理地安排活动量。

2. 通过科学的教学方法合理安排适量的身体运动负荷

体育运动项目及练习的方法多种多样，有的运动量大，有的运动量小，有的运动强度大，有的运动强度小，因此在设计体育教学内容时，要考虑到运动量的问题，以进行科学合理的搭配和必要的教材改造。因为教学过程是一个不断学习发展的过程，教材的各个阶段有着不同的任务和特点，因此，要根据不同阶段的特点来安排运动量。

3. 适量的身体运动负荷要服从学生的身体发展状况与发展需要

适量的身体运动负荷是要让学生科学地进行身体锻炼，这体现了学生身体发展的需要，也体现了对学生身体的无害性，而这些都决定了学生的身体发展情况。教师要合理地安排学生身体运动负荷，必须了解学生的身体发展各个阶段的特点，了解学生身体发展的科学原理，了解各个运动的特点。

4. 要因人而异地安排适量的身体运动负荷

在体育教学中要安排适量的身体运动负荷，因为每个学生承受力不相同，受生活制度、营养条件、气候条件等的影响，学生的身体素质也不同，同样的负荷可以产生不同的负荷效果，不同的负荷也可以产生相同的负荷效果，所以教师应考虑学生的整体情况，掌握学生的体质状况，因人而异地进行调整，根据所了解的学生身体承受力的强弱等具体情况来因材施教地安排适量的身体运动负荷，要把整体要求和区别对待结合起来。

（五）直观性原则

直观性原则是指在体育教学过程中，充分利用学生的多种感官和已有的经验，积极引导学生感知事物，从而获得直接经验和感性认识，引导学生对学习内容进行归纳总结，通过身体活动，使其掌握体育知识、技术技能，完成学习任务。体育教学与一般教学的不同之处也在于教学方法的不同，其直观性起着很重要的作用，因为学生需要从事身体练习，在体育教学过程中必须给学生以明确的动作示范，以便于学生进行模仿练习，进而使学生掌握各种知识。

1. 用直观的语言启发学生的积极思维

在体育教学中，教师要用生动的语言进行讲解、描述。教师要用语言使学生的知识进行重新组合，构成新的表象或想象，这就要求教师用生动、精练、直观的语言进行讲解，用通俗易懂、丰富有趣、生动形象的比喻把学生的运动经验和生活经验结合起来，使学生明确动作要点，更好地掌握运动技术技能。

2. 运用各种方式进行直观教学

在体育教学中，为使学生更形象、更生动地进行运动技术技能的学习，教师要充分利用各种方式进行直观教学。如对摄影录像内容或图片进行动作分解。通过学生的感觉器官，使学生迅速建立起对动作的生动形象，了解动作技术细节，以及动作的时间、空间关系，以提高学生运用各种感觉器官对运动进行综合分析的能力。

体育教学组织与教学环境作为基本保障，是促使学校体育教学目标任务得以落实的有力手段，是提高学校体育教学质量、培养综合型人才的根本需要。

第二章　高校体育教学的内容

第一节　体育教学内容概述

考虑到体育教学内容具有复杂、涵盖面广的特点，对体育教育内容的充分理解是顺利深入开展体育教学内容的良好保障，为了每个体育教育工作者都能在体育教育领域做好工作，明确且理解体育教育的内容是必要的基础。

一、体育教学内容的概念

体育教学内容是根据当前国家的教育方针指导，为实现社会需要体育教育达到的目的制定出来的，从受教者实际发展需要出发，结合受教者身体实际素质以及教学条件综合考虑分析，应在体育教学环境下开展体育常识、体育技能和竞技技巧等教学项目的培训。体育教学的目标是由内容决定的，其依据是学生在学习和发展的过程中所展现的需要以及体育教学活动中必需的教学条件，综合二者最终整合出的体育教学目标。其内容随着社会需求的变化发展而不断改进。

体育教学内容，旨在实现体育任务、达成体育教育的目标，各种体育训练、体育技能学习和竞赛在进行加工改造后，以体育课程教学形式反映在课堂中。它主要体现在体育教材中。

同时，体育教育内容是教师和学生在实际开展体育教学时的重要实践参考材料。体育教学内容是参考了前人在实际操作中得到的经验和教训，按照一定的原则和规律，根据现代社会中人们需求的教育标准而拟定的，是基于丰富的体育教学实践知识和体育技能的重要选择。体育教育内容依赖体育教育的进行而发生，教师按照体育教育内容施教，学生学习体育教学内容。此外，体育教育的相关方法和教学方式也取决于体育教育的内容，直接关系到体育教学目标和课程目标能否实现。

体育教育内容主要包括两个方面：一是体育方面的理论知识，二是学生需要实际操作实践的体育技能。体育教育的内容不同于普通教育内容，在选择和整合过程中必须根据学生的发展需要和教育条件来进行合理规划，在学校体育教育环境下以锻炼大肌肉群的方式，锻炼学生的身心素质和体育竞技能力。

二、体育教学内容与体育运动内容的区别

首先，体育教学内容的存在保障了体育教学正常进行，但是体育教学内容与体育运动内容之间也是有着细枝末节的不同的，身为体育行业教育者或研究者，必须将二者的区别了然于胸，才能进一步深入地理解体育教学内容。在专业的探讨和分析后，得出体育教学内容和体育运动内容二者的异同如下。

（一）服务目的不同

体育教学的主要内容是教育，是为了保证学生身体和心理健康全面成长，更倾向于指导性和书面性，将教学内容中的娱乐性和竞技性作为主要的服务目标，对体育活动中的实践性具有很大的指导意义。体育运动内容是以提高竞技运动水平、夺取胜利为主的，其服务的目的较偏重于教学内容的娱乐性和竞技性，对教学活动而言具有很强的实践性。

（二）内容改造要求不同

随着教育需求的不断深入，体育教学内容也要有相应的改变，从而跟上、满足时代和社会的需求，达到体育教学内容为社会培养优秀人才的目的。所以体育教学内容要进行修改和完善。而相对地，体育运动内容无须经历这种改造。

三、体育教学内容的特点

（一）多样性

由于起源方式和文化背景的不同，体育教学内容功能也存在着区别。体育内容的传统起源影响对体育教学内容认知。考虑到这些原因的存在，在体育教学活动中，要根据实际情况对症下药、因地制宜，从而使体育教学得到有序开展。

（二）实践性

体育教学内容是需要学生通过肢体和大肌肉群的配合作用才能完成的、具有教育实践意义的教育活动，实践性是体育教学内容不可忽视的一个重要特点。不同于其他学科是通

过在室内课堂上的讲授、课后做习题等方式达到教学目标，体育教学内容无法单纯通过讲授理论的方式来完成传授，实践是体育教育的主要进行方式，必须通过实际的体育运动来完成。国家规定的教学目标中也包含心理健康部分，但是在体育活动中达到对学生心理健康的引导也是一种方式。综上，实践性也是体育教学内容的特点。

（三）娱乐性

大多数体育活动是由人们日常生活中的娱乐性活动进化而来的，娱乐性在学习运动内容和竞技体育的竞争、合作、超越等方面都有体现，包括学生对新的运动项目的体验和掌握的成就感上，也体现在体育环境、场地、竞争规则、竞争形式等方面。当学生参与体育教学内容时，一定是因为对这项体育项目感兴趣，才会主动去接触和学习。

（四）健身性

大多数体育教学材料是以肌肉运动的形式开展的，无疑会对身体造成了一些肌肉负担，所以要在合理的范围内参加体育运动和体育锻炼，才可以发挥健身作用。但是由于学习时间的安排、学习目标的优先次序等因素，这些练习常常无法保证按计划顺利进行，也就是说处于一个不受控制的状态。在实际教学中为了保证体育教育内容的完整性，教育工作者做出了许多努力，比如根据学生的不同身体部位特征和不同学生的身心特点来制订科学化训练计划，对于运动强度进行合理规划，并评估每个教育部分的效率，可以得出，健身性是体育教学内容独具的特点。

（五）开放性

团体活动是体育教学一种重要的进行方式，人们在体育、训练和竞赛中的互动非常频繁，这使得体育教学内容比其他教育教学内容更具有人际关系交流上的开放性，体育教学内容基于人与人之间的交流，对集体精神的培养很看重。在体育教学过程中，教师和家长、学生和学生之间建立了更加紧密和开放的联系。在以团体为单位进行的活动中，团队工作之间的划分更加清楚，这使得体育教育中的角色变化性远远超过了其他学科，有利于学生发展健康的人际关系。

（六）空间约定性

在体育教学中，很多内容都要在规范场地进行，比如沙滩排球、篮球、跳远等，正是由于这种对于空间的要求，导致体育教学活动中对于场地有很大的要求、限制和依赖，这使得空间、器材、道具、规范的场地也成为体育教学不可或缺的一部分。

除此之外，还存在三个较为明显的特点：第一，素材极多；第二，内在的逻辑性并不强，在进行教学内容安排时没有办法完全依据困难度和学生的准备程度来列出先后，彼此之间基本是平行并列的，比如足球、游泳、铅球等；第三，"一项多标"（一种运动项目可以起到多种锻炼效果，比如健美操既有观赏性，又可以塑造形体）和"一标多项"（指不同运动都可以达到同一种训练效果，比如俯卧撑和吊环都可以起到锻炼上肢肌肉的作用）。

因为以上所述的体育教学内容固有的特点，在制订体育教学内容的时候也具有了一些特点：时髦性（因为多种新型体育活动类型的兴起）、多变性。在制订体育教学内容计划时，可以根据上述新型的特点来选择不同的锻炼项目和教育目标。

（七）内容更新速度快

由于体育教学本身要求的高实践性，以及在教学过程中受到的地区、政治、经济、文化各方面差异的影响，体育教学内容比一般学科的复杂性要强，运动形式不断更新，旧的方案会被不断淘汰，教育工作者在实际进行体育教学时有时候是具有一定的障碍的。为了能够跟上时代的步伐，在体育教学中要不断总结经验教训，并且根据时代的进步对教学内容进行更新换代。

（八）内容之间彼此平行

体育教学涉及的种类非常多，而且各个不同的类别之间共通点很少，彼此之间基本是没有互相牵制和关联的。比如，体操和田径，就是两种比较平行、无关的体育内容，不存在清晰的逻辑关系，在教学和实践中二者也基本没有互相参考的意义。

（九）教学任务不同

体育教学在各个时代的教学要求都不同，不同种类的教学内容对应的教学目的和教学任务也存在着区别，比如在教学中设置体育锻炼的时长是为了提高学生的身体素质水平，举办竞技活动可以提高实际比赛的体育应用水平、培养团结的精神和合作意识等，所以在实际开展教育活动的内容选择方面，必须针对所要达到的教学目标进行选择。

（十）体育教学内容与教育内容之间存在共性

教育内容包含体育教学内容，它们存在着一定的共同之处，以下是具体体现。

1. 教育性

体育教学是一种关于身体素质和心理健康的教育形式，当人们选择这些体育活动作为体育教育的组成部分时，最先被考虑的是教育性。体育教学的教育性可以在以下方面体现出来。

（1）有利于学生的身心健康

体育运动主要是训练人体肌肉，教授学生适当的体育运动方法，在对抗性运动、集体体育运动和竞技中养成健康的生活方式和完整人格，它可以有效影响学生的身心健康。

（2）对学生成长具有积极的影响

具有正能量引导意义的体育教学内容，可以帮助改善学生的心态，塑造学生坚毅的品质，引导学生形成正确的、积极的价值观，对学生的成长过程有着正面作用。

（3）二者内容的设计具有普遍性

由于体育教学内容的受众是参与教学活动的所有学生，所以教学内容的设计是有普遍性的特点的，这意味着教材必须适合绝大多数学生，才能保证教学活动的顺利展开。

2. 科学性

体育教学是一项组织性和计划性很强、为了达到教学目的而进行的教育活动，其主要目标是为了引导和培育学生的身心顺利发展。所以体育教学内容的科学性应当与学校的其他教学内容一样重要，体育教学的科学性可以在以下几点体现。

（1）体育教学具有很强的针对性

由于体育教学的目的是为社会培育心理和身体都健康良好发展的青少年人才，体育教学内容反映了人类社会的文明发展，再者体育活动中的实践性是无法忽视的，所以体育教学必须有一定的针对性。

（2）教学内容符合学生的需求

为了使体育教学内容能够发挥其最大的服务性，对教学内容要进行精细的筛选，保证选出来的内容适合学生的身体素质和各方面需求，只有体育教学具有指导性，才能对教学过程给予参考的价值。

（3）遵循体育教学的规律和原则

每项学科的教学都有其所包含的规则和原则，而体育教学的覆盖面较广也较为繁杂，为了能使教学进度按照计划和目标顺利实施，要在选择符合体育教学科学规律的内容，确保体育教学的科学性。

3. 系统性

由于体育教学的繁杂性和广泛性，体育教学目标的要求也是很高的，在内容安排时要注意各部分知识之间的关联性和系统性。体育教学的系统性体现在以下几个方面。

（1）体育教学内容的系统性

由体育教学的内容可以得出，复杂性在体育教学的过程中是贯穿始终的，但不同板块的知识之间又存在着关联性和逻辑关系。比如，在对大一、大二年级学生进行体育教学时，应该通过一些简单的方向指令训练来训练学生形成方向意识，然后再展开其他体育内容的教学。可以得出，系统性是体育教学内容本身具有的特点。

（2）体育教学目标的系统性

在教学过程中要牢记一切从体育教学特点出发，根据其特性、不同学生的差异性及教学环境的不同等，牢记体育教学过程和内容之间的规律性，参照学生的成长轨迹，系统性地制订不同类型学生的教学计划，使不同任务之间达到平衡。

四、体育教学内容的分类

我国体育教学理论和实践中，体育教学内容的分类方法有很多种，以下是几种主要的方法。

（一）根据人体基本活动能力分类

这是在体育教学实践中比较常见的一种分类方式，它是以人的走、跑、跳、投、攀、爬、钻等动作技能划分体育教学内容的。

（二）根据身体素质分类

以力量、速度、耐力、柔韧、协调等身体素质对有关体育教学的不同内容进行分类的方法，有利于达到身体训练的标准。

（三）根据运动项目分类

体育教育中最常用的内容分类方法是按体育项目的名称和内容进行分类，该分类方法与社会竞技运动是相同的，它的名称和内容都很容易理解，有助于了解和掌握竞技运动文化。

第二节 高校体育教学内容的编排与选择

一、体育教学内容的编排

（一）体育教学内的编排模式

体育教学的课程内容设计必须在一定的策略框架内进行，现在螺旋式排列和直线式排列是体育教学内容的主要编排方式，同时还包括以上两者综合在一起而得到的混合型排列方式。这里着重分析了螺旋式排列和直线式排列的教学内容编排模式，内容如下。

1. 螺旋式排列

体育教学内容的螺旋式排列是当同一运动教学内容在不同年级重复出现的时候，不断提高对教学要求的一种方法。

在过去的教学大纲当中对螺旋式排列的解释不多，实际上，螺旋式排列并不只适用于对身体素质塑造帮助很大的教学内容，而是因为有一些体育教学内容难度很大且具有深度，所以学生要想深刻掌握必须进行螺旋式教学。

2. 直线式排列

不同于螺旋式教学内容的排列方式，直线式教学内容的排列的意思是一项体育运动项目和身体练习的内容出现过后基本上不再重复出现。

随着体育教学的发展，为了更加科学地编排体育教学内容，提升教学成果，体育教育工作者要在体育教学内容的编排过程中考虑更加细致，注意教学内容的周期循环现象。

在体育教学内容的编排中，存在循环周期的现象。循环意味着同一教学内容在不同的学段、学年中进行的重复教学安排，这被称为"循环周期现象"。这种循环的周期可以是课、单元、学期、学年、学段等。如连续两堂课都安排一分钟跳绳练习，这就是以课为周期的循环。而连续两学期都安排一分钟跳绳练习，则是以学期和单元为周期的循环。

体育教学内容的编排可以按照不同的内容性质分为以下四类。

① "精学类"教学内容——充实螺旋式。

② "粗学类"教学内容——充实直线式。

③ "介绍类"教学内容——单薄直线式。

④ "锻炼类"教学内容——单薄螺旋式。

上面的体育课程编制方法以体育教学理论为基础，考虑到体育教育各个方面的现状，体育教育的各个方面都进行了创新的整合，从而有助于实现体育教育的目标。

（二）体育教学内容的编排方法

1. 简化的教材化

该方法是指将各种正规的竞技运动项目在一些方面（包括赛制、能力要求、运动器材、比赛场地等）进行合理简化，使其能更好地融入校园教学，现代体育教学中使用最广泛的一种方法就是对教学内容进行教材化。

通过简化教材法，可以让原本复杂的运动项目更贴近普通学生，适应学校施教环境、学生身体素质、锻炼需要，更好地配合想达到的教育目的，让体育教学的普及变得更加切实可行。

2. 理性化的教材化

该方法是以体育项目的原理和规则的分析为基础，并将分析结果运用在教学过程中的一种教材化方法，这种方法适合有一定体育基础的学生。

3. 实用化、生活化、野外化的教材化

实用化就是将教育内容与实践技能联系起来；生活化则是将课堂内容和实际生活结合一起；野外化则是将运动地点从安全规矩的室内转变到野外，也可以将依赖标准场地才能进行的运动改成野外运动，增加一定的刺激性和惊险性，激发学生的兴趣。这些方法能够与现实生活与不同体育教学内容的需求相结合，教学内容的趣味性得以增加，学生的学习兴趣也会提高。

4. 游戏化的教材化

许多体育教学内容都比较无趣乏味，如跑、跳、投、体操、游泳等运动项目，所以选定教学项目后的内容改造还是有必要的，游戏化的教材化是一种常规的方法，将单一的活动用故事性关联起来，吸引参与者的注意力，同时不大幅度改变训练的性质，在提高练习效率方面可以发挥很大作用。

5. 运动处方式的教材化

运动处方式教材化的方法是指在遵循锻炼原理的基础上，对运动的强度、重复次数、速率等因素进行组合排列，并考虑到学生的身体素质差异性，组成处方来进行体育锻炼和教学。这种教材化方法不可或缺，因为它十分有利于教导学生利用运动处方进行身体

锻炼。

（三）体育教学内容编排的注意事项

1. 注意学生基础和教学实际

在编排体育教育内容时必须符合学生的实际需要，才能进一步提高体育教育的质量。具体来说，教师在体育教育中不仅要考虑到体育运动的复杂程度，也要考虑到学生的实际需要、学生的身体素质和体育能力基础以及生产发展在不同阶段的不同特点，科学地组织体育课程的内容。

2. 强调不同体育运动和身体练习特征

体育教育内容涵盖很广，在进行内容编排时，必须侧重于对体育技能的教育、改进、巩固、提升以及实际运用各种体育技能，必须认识到，体育教育不仅应使学生能够理解相关的体育知识和技能，而且还应使学生能够在日常体育运动中熟练应用学到的东西。这要求教师在编排教学计划时和教学中要强调不同体育项目的特点及用途。

二、体育教学内容的选择

体育教学内容对体育教育十分重要，体育教学内容的选择对体育教育的整个过程产生了重要影响。教师和学生之间通过体育教育内容相互关联在一起，以加强师生之间的信息交流。一般而言，体育教育制约着体育教学方法和教学手段方面，利于实现体育教育和学校课程的目标。为了满足现代社会发展的需要，体育教学的内容必须以一定的原则和依据为基础。

（一）体育教学内容选择的依据

1. 体育课程目标

体育课程多种多样，各种体育项目和运动锻炼之间也是可以互相替代的，这使得体育教育的可选择性增加了，所以体育教学内容的选择必须有规范作为基础。

教学内容选择要依照体育课程目标，因为在每个教学阶段中，体育课程目标都是指导着教学内容的编制内容和方向的，因此，专家对其进行了深入的思考，对所有方面可能产生的影响进行了仔细的检验，所以体育课程目标是编制体育教学内容时必须遵守的，不同的目标板块都有对应的课程内容。

2. 学生的需要及身心发展规律

体育教学是为了促进学生的身心发展，因此为了能达到有效学习的目标，学生对体育的需求和兴趣对体育教学内容的选择至关重要。有效学习需要学生发自内心的感兴趣和积极参与，在感兴趣的事面前，他们的投入动力会大大提高，学习效率也会随之增长。这在很大程度上符合一些观点：如果学习的动机是非自愿的、不是出于真心感兴趣而进行的，那么在某种程度上来讲，这样的学习是无用功。即学生现在对参加课外体育课程非常感兴趣，但对体育课却缺乏兴趣，其实很重要的原因就是学校开设的课程枯燥无趣。

学生接受教育的程度取决于他们的身体和心理发展及其特点，这意味着体育教学内容的选择必须是他们能接受且有兴趣的。因此，在选择教学内容时要注意不能忽略学生的个体性和差异性，它们的存在影响着教学内容的选择。

3. 社会发展的需要

学生的个人发展不能与社会发展分开，而体育教学可以成为学生健康的良好基础，这就要求在选择体育教学内容时，必须考虑到学生本身的需要和社会发展的现实需求，要将体育教学与现实和生活结合起来，以便它的职能得到最大限度地发挥，学生能最大限度体会到体育教学的重要性。因此，选择体育教学的内容必须符合社会现实。

4. 体育教学素材的特性

第一个特性，体育教学素材是影响体育教学内容最重要的要素，而其最重要的特点是其内部逻辑关系不是很强。因此，体育教学内容的选择无法完全取决于体育教学内容的难度大小和学生素质。体育教学内容通常以体育项目来分类，但是各种教育内容之间是平行并列的，如棒球和网球、健美操和拳击等，似乎是存在某种联系，但这种联系并不明晰，没有任何先决条件，也无法确定谁是基础，故而无法确定体育教学内容内在的规定和顺序。

第二个特性是在体育教学素材中存在"一项多能"和"多项一能"。"一项多能"就是指经过一个运动项目的练习就可以达到很多训练目的，也就是该项目是目标多指向性的。比如跳绳，一部分人通过它来锻炼心肺功能，另一部分人想通过它来达到减脂的效果，所以跳绳运动就可以满足多个不同的需求。可以见得，掌握一项运动后学生可以实现很多目的。而"多项一能"体现了体育教学内容彼此之间是存在可替代性的。比如想练习投掷力，可以通过掷沙包、投铅球、推铁饼等不同方式来实现；而如果想在体育活动中愉悦心情，那么打篮球、滑冰、乒乓球等运动都可以达到目的。这些例子正说明了为实现预期目标，可以有多种运动选择。这些特殊性的存在，导致体育教学中没有必须存在、无法替代的项目，体育教学内容并不具备很强的规定性。

第三个特性是体育教学素材的数量是非常巨大的，且内容十分繁杂、难以分类。人类文明发展了几千年，诞生的体育项目多种多样、内容丰富，不同的运动项目对练习者的体能要求也都不尽相同。因为上述的复杂情况，没有教师能够做到教授全部的体育项目，这意味着体育教师要做到一专多能。找到最合理的组合并且在体育教学内容中完美实践也是极具难度的，总结出适合绝大部分地区和不同教育情况的教材更是几乎不可能的。

体育教学素材的第四个特性就是在不同的体育运动中注意力集中点和乐趣之处都是不同的。比如足球、篮球等，如何在紧张刺激的对抗中，通过高超的技巧、团队合作和队友之间的默契赢得比赛，是最大的看点；而在隔网类运动中，对抗双方如何利用场地和不同位置之间的配合保持球在自己区域不落地是最具趣味性的。可以见得，不同体育项目之间的趣味性是不同的，这使得"乐趣"成了体育教学内容选择中必须考虑的要点，这也是支撑"快乐体育"理论的有力论据，也是该理论在体育改革进程中得以发挥重要作用的原因。

（二）体育教学内容选择的原则

1. 教育性原则

应当首先从教育的基础观念入手对教学素材进行分析讨论，要明确它与教育原则的符合程度、与社会当前价值观的同步度，更要分析它是不是对学生的生理、心理健康成长有所帮助。

选择的体育教学内容必须符合体育课程的主要目标，将"健康第一"的思想作为体育教学内容的最基本出发点，同时强调体育课程的文化性，使学生在逐渐熟练掌握体育技能的过程中也能更深入地感受到体育文化修养所带来的积极影响。学校体育在培养学生适应能力时要考虑到学生的个性、智力、道德素质和身体素质的发展，理论结合实践，引导学生真正能够熟悉人体科学知识，做到内在、外在双重健康发展。对于不同年龄阶段的学生，对某种教学方法的适应性可能会有明显的差异。选择的体育教学内容也必须符合所有方面的可实践性，以确保有灵活的选择空间。

2. 科学性原则

体育教学内容的选择必须符合科学性原则，"科学性"包含下面三点含义。

①教学内容的选择应有助于协调学生的生理和心理同步发展。需要注意的是对学生身体健康有帮助的活动不一定对心理健康有益，反之亦然。所以，在选择教学内容的时候一定要兼顾学生生理健康和心理健康。

②教学内容还应使学生能够深入了解科学运动的原则和方法，从而提高他们在体育运

动时的积极性和主动性。

③教学内容自身的科学性。如今国家对体育教学内容的限制已经放宽，限制和规定减少，所以要确保一些有足够科学性的体育教学项目出现在体育教学内容中。

3. 实效性原则

用来判定体育材料是否有用、是否便于实行、是否对学生的身心健康有益。在选择体育教育内容时，必须同时考虑到学生对体育的兴趣和经验，应选择与学生自身经验相接近和民众接受度高的，重点放在体育活动娱乐性和促进学生终身体育兴趣发展上。

4. 趣味性原则

兴趣是最好的老师，所以要把学生的感兴趣程度、趣味性和在社会上的流行程度当作选择教学内容的重要考虑因素。毫无疑问，大多数体育项目对健康的积极影响和教育价值是不容置疑的，但长期以来，体育教育工作者总是过分关注体育竞技项目教学的完整度和系统性，用专业运动员的标准要求普通学生，致使很多学生觉得乏味，产生反感和抵触心理。

5. 民族性与世界性相结合的原则

选择体育课程的内容时，应该努力做到把中国传统文化里优秀的内容和外来的文化精华加以融合，既不妄自菲薄也不盲目自信，体育教学的内容要随着时代的进步而有所改进，且要反映当代中国的发展特点。

三、体育教学内容的选择技巧

体育教学有很多种类，一种项目可能有各种不同的功能，同一种训练目的也可以通过不同的训练内容来实现，因为分给体育课堂教学的时间是有限的，教会学生所有的体育项目既不可能也不必要。因此，在一线从事教学工作的老师必须认真科学地选择教学内容，这里需要特别注意以下三个方面。

（一）满足学生身心发展的特殊性

各个年龄段的学生具有不同的生理和心理特征，身体适应程度和爱好方面大不相同，教学内容越贴合他们的身体发育特征、越有活力、学习成果越多，他们越喜欢体育和体育课程，参加体育教学时就会更活跃、更积极，教学效率会大大提升。

（二）与学生生活建立紧密联系

在学生的课余生活中，与体育活动相关的经验和活动很多，比如城市学生也许在篮球、羽毛球、乒乓球等方面的体验经历和感悟较多，农村地区的学生可能对野外活动如攀岩、跳、跑、与水相关的活动有很多感受和经验，而少数民族地区的学生可能对民族化的特色项目有着丰富体验经历，例如武术、跳术、骑术、马球、狮舞、杂技等。在体育教育领域，如果体育教师能够注重选择与学生生活经历和生活实际密切相关的教学项目，那么他们对体育教育的热情、动力和积极性就会大大增加，体育学习的成果也会显而易见地增加。

（三）要重视提高学生的终身体育能力

学校体育必须着眼于学生的未来发展，兼顾学生个体的差异和未来终身体育发展的需要。要充分考虑学生兴趣的多样化需要，更好地加强教学内容的选择性，设置具有不同特点的体育教学内容，诸如室外运动、野外运动与水上运动项目等。

另外，科学地选择体育教学内容除了要考虑上述几个因素之外，还应该把握好几个原则，如选择性与实效性相结合原则、健身性与文化性相结合原则、民族性与世界性相结合原则等。

总的来说，体育教学的内容必须基于教育目标，在不同层次上制定符合各自实际的教育目标，对不同体育项目和体育训练的基本功能进行分析，以此为基础，开展体育项目和体育训练的整合。如果体育教学依旧停滞在以前的模式中，不能符合教育目标的要求，不能适应社会的发展和学生的实际，那么体育教学就失败了。

第三节　现代高校体育教学内容的科学发展

在学校教育中，现代体育教学有着很高的地位，是素质教育的重要组成部分，教育事业工作者要继续深入研究体育教学改革，努力总结出更现代化和更适合学生体育发展的新体育教育形式，以便最大限度地提高体育教学的效用。

一、现代高校体育教学内容

与其他教学内容相同，体育教学内容也是跟随着社会发展和教育事业的进步而不断改进的。

（一）体操和兵式体操

体操运动是一种身体的操练，它通过各种有目的的、人为创编或自然形式的身体练习来发展身体机能，塑造形体，展示人体在时空交替中的律动与健美。体操运动在漫长的发展进程中，其动作内容不断丰富、分化，动作难度不断创新、提高，其健身、实用、审美及心理拓展的价值不断被开发、挖掘，显示出强大的生命力和丰富的内涵。分析体操运动在学校体育课程中的地位演变、价值及趋向，对于正确认识体操运动，丰富体育课程内容，增强体育课程活力具有重要意义。

英国和德国是兵式体操比较有代表性的国家，近代的学校体育体操教学正是由兵式体操和北欧地区的器械体操融合进化而来的。随着后人对其内容和形式的不断改进和丰富，体操最终成了现代体育教学内容的重要组成部分，现在，大多数国家的体育教学内容都有与体操相关的内容。

（二）竞技类体育运动

竞技类体育的历史十分悠久。早在近代学校出现之前，全球各国就都已经出现了各类游戏了，我国古代就有蹴鞠、骑马比赛等竞技类体育项目的记载，欧洲地区则是以骑马、投圈为主。由于人民兴趣旺盛，随着时间的推移，这些项目逐渐形成了系统的规则和完整的体系，成了正式的体育运动项目。后来，工业革命导致英、美等国的先进体育竞技运动迅速发展，棒球、足球、篮球、橄榄球、羽毛球、排球、乒乓球等现代体育竞技项目开始成型，同时发展的还有从跑、跳、掷等基本人体活动延伸来的田径项目。随着近代殖民主义的扩张以及教会学校的传播，上述的体育竞技项目逐渐传向全球各国，成为各个国家学校体育课程的核心内容。竞技类体育运动在娱乐和健康方面都发挥着重要作用，所以在青少年中的受众很广，因为竞技体育项目成了现代体育教学中最重要和最丰富的内容之一。

（三）武术和武道

古代的体育教育主要内容是武术教育，注重军事性和实用性，如我国先秦时期教育的"御""射"，古欧洲和中世纪欧洲以骑射和剑术为主的"骑士教育"，以及在其他东方国家各种形式的冷兵器训练，还有武术、柔术、防身术等。随着现代军事科技的迅猛发展，对抗性的军事技术慢慢不再有用武之地，转而朝着强身健体、修身养性的方面转变着。如日本的合气道、空手道、剑道，韩国的跆拳道等，他们在精神意志培养方面的特殊魅力一直受到世界各地青年人的喜爱，因此在许多国家的体育教育中也有一席之地。

（四）舞蹈与韵律性体操

舞蹈是古代社会最常见的用于祭祀典礼等场合的运动，也是深受各年龄段民众喜爱的体育运动。在我国出土的敦煌壁画中，就有多人聚集共舞的画面记载，在世界其他地区，舞蹈也是各民族文化的重要组成部分。在现代学校中也很早就出现了，而和舞蹈相似的各种以韵律性和观赏性为特点的运动也逐渐发展起来，比如韵律体操衍生出的健美操、艺术体操等，舞蹈的分支渐渐明确，出现了民族舞蹈、体育舞蹈、创作舞蹈等。舞蹈和音乐在身体、新陈代谢、美丽文化和音乐方面发挥着特殊作用，学生从一开始就非常喜欢这些内容。舞蹈在美观性和锻炼身体方面的效果都十分可观，所以在进入体育教学内容后十分受欢迎，舞蹈和韵律体操及其衍生运动不仅有舒缓身心、陶冶精神的好处，对人身体美感和节奏感的培养也很有帮助。因此，舞蹈和韵律体操慢慢成为体育教学的重要组成部分，今天大多数国家的体育教学内容都包括舞蹈和韵律体操。

根据分析和比较，在实际体育教学活动的开展中，上述种类体育教学内容的占比有所不同，且在不同国家的受重视程度也不同。

二、体育教学内容的发展趋势与新体系的构建

（一）体育教学内容改革与发展趋势

随着体育教育改革的深化，现在体育教学内容改革出现了以下趋势。

①从单纯强调体能发展转向以学生身体素质、心理健康和社会适应能力为重点的综合性发展。为了跟上素质教育深化的进程，体育教学内容的选择和制定必须符合素质教育的要求，不能单纯以"达标"为目的，必须充分发展学生的身心素质健康和社会适应能力，培养学生成为均衡健康发展的人才，为其将来为社会主义事业奋斗终身打下坚实基础。

②学校的体育活动是以终身体育为基础的，为了给学生终身体育事业打下坚实基础，必须平衡好体育教材中健身性、文化性和娱乐性的关系，并且在选择教学内容时倾向于同时具备健身价值且在生活中具有常见性的运动项目。

③由规定性逐渐转变为选择性且按照学段不同逐级分化。在过去的体育教育方案中，我们希望能整合不同体育项目，而体育项目之间的逻辑联系是比较薄弱的，关联性和相似度较差，所以其实并不能根据逻辑来整理运动项目，将综合性很强的体育学科体系化是一个很严峻的挑战。在未来选择体育教育内容时，更加注重的是不同体育项目自身的规律性，选择标准偏向于趣味性、大众接受度、普及度以及项目的时代性，且由于不同年龄和阶段的学生的内容和需求不同，要采用"选择制教学"。

④物质教育的选择和定义不仅受限于社会发展水平和学校教育水平，也受限于高校师生的价值观。在过去的体育教育方案中，选择和确定体育教学的内容更加重视体育教师的

价值取向。但现在随着学校体育课程的改革，体育课程的定义和内容的选择将更加符合学生的需要和取向，即教学内容必须适用、服务于学生。

⑤新的体育、娱乐项目和传统民族体育项目开始作为体育教学内容受到特别关注。近些年来，新的体育运动形式随着社会和网络的飞速发展如雨后春笋一样涌现出来，喜欢追随时尚的青少年自然也对新鲜的、时髦的、带有娱乐性质的体育运动项目更加偏爱，所以体育教学内容必须破除过去几十年一直是传统体育项目统领教材的情况，开始特别关注并纳入一些新的体育项目。当然，我国各民族的传统体育项目也各具特色且各有益处，可根据当地的情况进行设计和选择。

（二）体育教学内容新体系的构建

体育教学内容新体系的构建与学生体育需求的扩大和体育功能的扩展具有密切关系。从整体上来看，目前体育教学内容体系是由身体教育、竞技体育、娱乐教育、保健教育以及生活教育等方面共同构成的。

1. 身体教育

体育教育的重点是身体素质教育，包括生理和心理的教育。更具体地说，它的发展目标主要集中在加强运动能力方面，如跑、跳、掷、攀爬、悬垂、支撑等方面的能力；也注重发展关于人类运动素质的方面，体能、肌肉力、有氧耐力和灵活性等都是与健康有关的运动要素。体育教育的关键目标是加强学生的体育素养和以后长期体育运动的能力。

2. 娱乐教育

这类教学内容主要是以放松为主的娱乐活动，具有游戏性和表演性，在日常生活中可以随时随地开展，不同民族都有各种各样的娱乐性教育活动，将其作为体育方案加以引进是一个有积极意义的选择。

3. 保健教育

这类教育主要包括开展安全和健康体育运动所需的常识和技能以及必要的生理卫生保健知识。体育课程中很重要的是引入运动理论和实践，并确保健康教育与体育实践密切相关。

4. 生活教育

这类教育的重点是防卫能力培训、拓展练习、风险教育和健康生活教育。当代大学生正在被城市化影响，虽然生活越来越好，但是偶尔会有觉得乏味的时刻，重新回归自然、感受自然生命力、接触自然生态变成了新的价值追求，这种追求价值的方式为扩大新的体育方案提供了有利的条件。

5. 竞技体育

这类教学的内容要考虑到学生的实际身体条件、年龄、爱好、心理，选择要适合实际情况，注意不能用专业运动员的标准要求普通学生，在竞赛标准、运动难度、运动量方面都应该根据学生的实际情况进行调整，从而使竞技体育适合每个感兴趣的人。

三、高校体育教学内容的科学发展

在高校体育教学领域，传统的高校体育思想已不能使学生树立正确的观念，高等教育应随着时代的发展而不断进步，可以在以下几点着重注意。

（一）应充分体现社会体育和终身体育

关于高校体育教学内容的创新，全国各个大学已经用不同的方式丰富了各个年级的体育教学内容，并对体育教学内容进行了大幅度调整，但仍然缺少新的教育观念。教师要在学校体育相关材料中逐步培养学生养成体育锻炼习惯，指导学生制订适合自己的个性化运动计划，教会学生如何处理常见的运动中出现的损伤，鼓励积极参与体育运动项目竞赛，达到体育教育贯穿学生的日常、培养终身运动习惯的目的。

（二）应充分体现地区特色

关于高校体育教学内容的创新，应考虑地区特点组织体育活动。由于学校地区的多样性，环境也有所不同，南北地区学生对于体育项目的爱好存在差异，这要求体育创新需要针对特定地区而制订，除了要体现地域特色之外，最重要的原因还是因地制宜，才能实现学生在体育学习上的良好开展，最终实现体育健康教育目标。

（三）充分考虑学生的学习兴趣

关于高校体育教学内容的创新，必须适当考虑学生对体育课程的兴趣。执教教师可以通过多媒体方式进行传授，提高学生的兴趣度，获得更好的教育效果。教师可以根据学生的兴趣开设课程，只有学生对于授课内容发自内心地感兴趣，才能获得更好的教学效果。

（四）应把实践能力和课外体育相结合

学生实践教育是高校体育教育的重要组成部分。在过去的体育教育中，高等教育机构强调体育技能和体育知识，忽视了学生的实践培训和实践操作能力，包括自我锻炼方法、模拟并学会如何处理运动中出现的常见损伤、如何处理运动中出现的突发事件等。只有把这些内容也写入体育教学课程教材中，保证高校学生在体育锻炼和实践能力方面的知识储备充沛，才能达到高校体育教育的最佳效果。

第三章　高校体育教学方法

第一节　体育教学方法概述

每位体育教师在对学生开展体育教学之前，首先应当确定的内容就是体育教学方法，因为这是保证体育教学质量的关键因素。所以教师在制订体育教学方案的时候，必须对体育教学方法的相关知识有深入的了解，只有这样才能清楚选择体育教学方法时的注意事项，才能制订出科学的体育教学方案。

一、教学方法和体育教学方法的相关概念

总的来说，教学方法是教师和学生为了实现共同的教学目标，完成共同的教学任务，在教学过程中运用的方式与手段的总称，它包括教师的教法和学生的学法两大方面，是教授方法与学习方法的统一。因此，需要教师根据教学的内容、学生的特点、学生的接受能力和学习方法等进行教学方法的选择。不难看出，教学方法本身就是一个内容复杂的概念，有着不同的层次。

在体育教学方法的概念中也有很多类似的问题，就体育教师而言，如果对体育教学方法没有清晰的理解，往往会因为在其内涵和外延认识上的不同而在认识体育教学方法的过程中产生诸多的问题，影响教师在教学过程中对教学方法的选择和使用。

因为体育教学本身就是一种复杂的教学，对其实践性的要求较高，因此教学方法的概念对于教学理论中的各个概念而言，也是一个相对复杂的概念。从事学科教学方法的研究者和专家在研究过程中给予体育教学方法不同的解释，但由于每种解释的主观性较强，所以虽然关于体育教学方法的概念较多，却没能给人较为清晰的概念。

从本质来看，体育教学方法反映的是体育教学现状，再加上体育这门课程本身就有很多教学方法，比如体育锻炼法和运动训练法，而且每种方法中还包括很多不同的实施方法，因此，体育教学方法的概念就变得更加复杂。

历年来，体育教学方法的研究者和专家对教学方法和体育教学方法的见解如下。

李秉德认为：教学方法是为了完成教学任务而采取的办法，它包括教师教的方法和学生学的方法，是教师引导学生掌握知识和技能、获得身心发展而共同活动的方法。

樊林虎指出：体育教学方法是指在体育教学过程中，由教师指导学生，为达到一定的教学目标而进行的一系列活动方式、途径和手段的总和。

张学忠指出：体育教学方法是指在体育教学过程中，在一定的教学原则下，师生相互作用的，共同为实现体育教学目标，合理组合和运用体育场地、器材、手段的活动方式。它不但包括了师生在教学活动中内隐的思想、心理活动，还包括了器材的运用或演示和身体活动方式等。

从上述各教学研究者和专家对教学方法和体育教学方法两种概念的解释中我们可以看出：关于两个概念的定义仍然相当模糊；体育教学方法不仅是一个复杂的概念，而且具有多层次性；研究者和专家对这两个概念的理解出现多样化的主要原因是，每个人观察的角度不同，对教学方法的用途和在教学中发挥作用的认识也就不同。这不但给教学方法的研究带来了困难，同时也给教学方法的选择造成困难。

二、体育教学方法与教学行为之间的关系

教学方法是指教师在进行教学活动中运用的某种技术，教学行为是指教师在教学活动中的行动特征。如我们所说的"体能训练"是一种体育教学行为，而"体能训练法"是一种体育教学方法。

（一）教学方法和教学行为的区别与联系

为了帮助更多的体育教学工作者清楚地了解教学方法和教学行为的区别与联系，通过总结多年的教学实践经验和分析相关资料，将两者之间的区别和联系介绍如下。

1. 合理性上的区别

教学方法是教师掌握的教学技能，一般来说，教学方法除了使用不当之处，都是合理的、科学的，能够为教学带来一定成效的。而教学行为有的是合理的，有的是不合理的，甚至有很多教学行为还是错误的，是不利于学生身心发展的。

2. 本质上的区别

教学方法是体育教师群体通过自己多年的教学实践总结出来的一种有规律可循的教学技术；教学行为是教师个体在教学中的一种偶然行为，具有随意性。

3. 两者之间的联系

教学行为是教师在教学课堂上所有动作和手段的集合，如某一学科的教师在教学过程中采用多媒体进行教学，然后又通过课堂提问的方式让学生自由阐述自己对某一教学内容的看法。在这个教学过程中，教师选用的每种教学方法、每个动作都属于教学行为。由此可见，教学行为是教学方法的表现形式。

（二）对体育教学方法与体育教学行为区分不清的原因

无论是体育教师还是体育研究者，仍存在对体育教学方法与体育教学行为两者之间的区别不是十分了解的情况，出现这种情况的主要原因有以下几点。

1. 体育教学活动的实践性较强

体育教学活动的实践性较强，因此"行为"和"技术"两者之间的区别并不像其他学科那么明显，模糊了体育教学活动与教学行为之间的界限。

2. 现实生活的干扰

随着我国经济水平的不断提高，人们对生活质量的要求也不断增加，体育锻炼成为人们日常生活中的一部分，再加上体育教学方法与人们日常生活中的一些行为较为接近，甚至没有十分明显的差别，干扰了对两者的区分。

三、体育教学方法的层次

当前，很多体育教学专家和教育工作者对体育教学方法的概念理解混乱的原因还有一个，就是"对教学方法的空间界限定位不明"，甚至不清楚体育教学方法具体包含哪些内容。其实，体育教学方法是有很多层次的，通过对体育教学的研究和分析，体育教学方法主要包括以下几个层次。

（一）"教学方略"上的层次

"教学方略"上的层次属于体育教学方法中的"上位"层次，也可以说是体育教学方法的指导思想，是指体育教师对学科专业和教学技能的理性思考、行动研究和实践反思。"教学方略"主要体现在对单元课程的设计上。例如，在体育教学过程中所采用的发现式教学法，实际上就是一种广义的体育教学方法的组合，是由提问法、组织讨论法、总结归纳法、实地测量法等多种教学手段组合而成的。

（二）"教学方法"上的层次

"教学方法"上的层次属于体育教学方法的"中位"层次，也可以称为"教学技术"，即狭义上的教学方法，指的是体育教师使用的一种主要的教学行为方式。该层次的教学方法主要体现在教学活动中的某一个教学步骤上或者某一种特定的教学活动中。例如，我们常提及的"单项训练法"就是为了实现某种教学目的而采用的一种具有针对性的教学方法。

（三）"教学手段"上的层次

"教学手段"是体育教师为了达到某种教学目的而采取的教学行为，也称为体育教学活动中的"教学工具"，属于传统定义上的教学方法的组成部分，是体育教师在确保教学行为的科学性和目的性的基础上采用的一种较为有效的行为方式，主要是通过某种教学工具的使用保证教学方法效果的实现。在教学活动中，这种教学手段主要体现在某一个具体的教学步骤或者教学环节上。如体育教师在进行教学的时候，采用理论联系实际的教学方法，亲身示范并让学生模仿和学习，"亲身示范"就是体育教学的手段。

第二节　体育教学方法的发展趋势和设计理念

我国早期体育教学对体育教学的方法缺乏专业的研究和科学的总结。直到近代体育教育出现以后，体育教学方法才引起教育者的重视，有关体育教学方法的设计理念和选用实施过程的研究才被提上教学研究的日程，并受到体育教学工作者的普遍关注。

一、体育教学方法的发展现状

从体育教学的发展历程可以看出，体育教学方法是随着时代的发展而不断进步的。体育教学方法的主体是体育教学中涉及的一些技术层面和技巧方面的问题，随着科学技术的创新和教学观念的更新，体育教学方法也被逐步完善和优化。目前，体育教学方法的发展主要体现在以下四个方面。

（一）科学技术的不断进步促进了体育教学方法的发展

当前，随着计算机的应用和普及，一些体育动作的规范性不断加强，准确性也在不断提高，且进行体育技术指导更加不受时间和地点的限制，示范性动作的播放快慢也可以任意地调整，因此，体育教学的讲解、示范和展示都发生了质的变化，并促进了教学方法的发展，提高了教学方法的科学性。

（二）体育教学内容的不断优化促进了体育教学方法的改进

教学内容和教学方法是相辅相成的，教学方法的正确运用可以更好地实现教学内容的传递和接收，教学内容的优化使得教学方法能够进一步完善和改进。如今，随着人们生活水平的逐渐提高，体育教学也日益受到重视，一些全新的体育教学内容被引入体育教学，因而相应的教学方法也得到了开发和应用。比如，野外生存训练课程的引进，使得野外活动的组织和教学的方法得到开发。由此不难看出，体育教学内容的不断更新，促进了体育教学方法的日益完善。

（三）体育教学理论的不断充实促进了体育教学方法的完善

体育教学理论是在近代体育教育中逐渐确立起来的，是保证体育教学科学进行的基础，也是体育教学方法确立的依据。因此，体育教学理论的进展有利于促进体育教学方法的改善。在面对多个教学项目时，采取的是"以不变应万变"的措施，但是不同的体育运动项目有着不同的技术要领，随着人们对体育教学方法理论研究的不断深入，类似于"领会式教学"的方法就应运而生了。

（四）学生群体的不断变化促进了体育教学方法的改进

信息时代的到来，使学生群体的日常生活发生了显著的变化。例如，随着信息技术的发展，学生接受新知识和新事物的途径越来越广泛；随着电子产品的运用，学生的日常作息规律和生活习惯越来越不同；随着学生思维方式的成熟，他们认识事物和分析问题的程度越来越高。因此，信息化时代下，学生的个性化发展越来越明显，传统的、单一的体育教学方法已经不能满足学生的成长需求，需要推陈出新，不断完善和改进体育教学方法。

二、体育教学方法的发展趋势

虽然较其他学科而言，体育教学起步较晚、发展较慢，但是，随着人们认知水平的不断提高，对体育教学的重视程度日益深化，迄今为止，体育已经发展成为一个较为成熟的学科，其教学方法也随着学科的发展而不断发展、完善，并逐渐呈现出了明显的发展趋势。具体来说，其发展趋势主要体现在以下三个方面。

（一）体育教学方法的现代化

随着科学技术的不断进步，体育教学方法也在不断完善和提高，其现代化也随着时代的发展表现得较为明显。体育教学方法的现代化主要体现在体育教学的设备上。为了更直观地向学生展示体育运动的魅力，体育教师会将录像带到体育课堂，借此开阔学生的视野，增长知识。随着计算机应用的普及，各种借助计算机完成的体育课件和体育活动，将学生对体育学习的感知提升至新的空间。

（二）体育教学方法的心理学化

心理专家表示，任何一种形式的学习都伴随着心理变化的过程，而体育知识和技能的学习和获得更是一个复杂的心理变化过程。因此，在体育教学过程中，对体育教学方法影响较大的学科是学习心理学和体育心理学。为了更好地开展体育教学与体育活动，体育心理学家和运动心理学家运用心理学的研究方法，对学生在运动、学习过程中的心理变化情况进行了探讨，并希望能够将研究结果应用到体育教学方法的改革中。

（三）体育教学方法的个性化

在教学过程中，重视个性化是体育教学方法发展的一大进步。因为任何一种教学方法的实施对象都是学生，而由于学生成长环境、自身条件的不同，其接受能力和学习情况具有较大差异，加之不同学校的教学条件和教学进度存在较大差距，因此，体育教学有必要根据实际情况，针对学生的个性化和学校的差异性做出合理调整。现阶段，随着这一教学理念在体育教学中的不断扩散和应用，个性化、民主化的体育教学方法得到了进一步的发展。

三、体育教学方法的设计理念

任何一种教学方法的设计都离不开特定的理论指导，做好体育教学方法的理念设计工作也是体育教学的目标之一。任何一种教学方法都有其使用的范围和环境，因此，在设计好体育教学方法之后，还要确定其实施的范围和对象，如此才能保证体育教学方法的实用性和科学性，进而提高体育教学的质量。

（一）以语言传递信息为设计理念的体育教学方法

在任何一门学科的教学过程中都要使用到语言，以语言传递信息为设计理念的体育教学方法，实际上就是教师运用口头语言向学生传授有关体育知识和技能的一种教学方法。由于语言是传递信息、人际交流的主要工具和途径，因此，语言是人们普遍使用的一种沟通方式，也是教师教授学生最重要的一种教学方法。

以语言传递信息为设计理念的体育教学方法主要分为讲解法、问答法和讨论法。

1. 讲解法

讲解法是指在体育教学过程中，教师运用一些简单、生动的口头语言向学生讲授体育运动相关知识的一种方法。有效运用讲解法，不仅能让学生在较短的时间内迅速掌握体育相关的知识和技能，还有助于对学生进行思想道德教育，建立自主参与体育运动的意识。

由于语言无处不在，语言的魅力更是不可小觑，讲解法自然而然成为体育教学中普遍使用的一种教学方法。讲解法可以说是体育教学的基础，任何一种体育教学方法的实施都离不开讲解法的运用。同时，体育教学又是一个实践性较强的学科，在教学过程中，不能盲目地使用该教学方法，而要学会结合体育运动项目及其技能的特点进行实际操作的讲解。因此，在体育教学过程中，教师应该做到"精讲"，并且将讲解带到实践中去，这样才能实现教学目标，达到较好的教学效果。

2. 问答法

问答法历史悠久、行之有效，也是人们广泛推崇与应用的一种体育教学方法。问答法的优点是便于培养学生的发散思维，能够在问答的过程中培养学生思考问题的能力，提高学生的语言表达能力。在运用问答法进行体育教学时，应该注意以下三点：第一，尽量采用简短的语言进行问答；第二，在问答的过程中，不要给学生过长的时间进行思考或交流讨论；第三，将问答设定在技能教学的开始和结束，作用会更加明显。

除此之外，在使用问答法进行教学的时候，还应该注意提问的引导性。一般而言，提的第一个问题与体育教学知识和内容是没有太大关系的，其主要目的是引起学生的注意。第二个问题则旨在引导学生进行思考，例如："想一想你们的动作和老师的动作有什么不一样？"这种具有辨别性和归纳性的问题，能够引发学生对体育技能动作的思考。第三个问题通常属于价值判断和归纳性的问题，但是它比之前的问题更能引起学生深入性的思考。例如："谁来回答一下，他的示范动作好吗？好在哪里？又有哪些不足？"这样逐层深入地提问，能够引导、帮助学生由浅入深、由表及里地思考问题。

3. 讨论法

相较讲解法和问答法，讨论法的自由度更大。讨论法主要是在体育教师的指导下，以班级或小组为单位，围绕教材的中心问题进行讨论，让学生自由讲述自己的观点和意见。

由于在讨论的过程中学生能够自由发挥自身才能，因此讨论法比其他方法更能促进学生积极、主动地参加体育锻炼与学习活动，更有利于增强学生的团队合作精神和集体主义精神。值得注意的是，讨论法虽然能够调节课堂的气氛，调动学生的学习热情，但是，如果讨论的自由度过大，教师就很难掌控局面，从而难以保证教学效果与教学质量。因此，在讨论的过程中，体育教师应该适时参与其中，并对学生的讨论内容与讨论方向加以引导，以确保充分发挥讨论法的积极作用，及时消除讨论法的消极影响。

（二）以直接感知为设计理念的体育教学方法

以直接感知为设计理念的体育教学方法是体育教学中普遍使用的教学方法，通过教师对某种体育技能的演示和直观表达，学生借助身体的感官获得体育教学相关的知识和技术。这种教学方法因为具有直观性，而且便于被学生接受和掌握，所以在体育教学中颇受欢迎。

根据对体育教学方法的研究，可将以直接感知为设计理念的体育教学方法分为动作示范法、演示法、纠正错误动作与帮助法等。

1. 动作示范法

动作示范法是教师在对学生教授某种技术时，为了能让学生清楚地了解技术的要领，以自身完成的动作作为示范，给学生提供参考的方法。动作示范法较为直观地向学生展示了体育动作的特点、动作特征和技术要领等，具有非常独特的作用，而且教师优美的动作能激发学生的学习兴趣。

教师使用动作示范法进行教学的时候，要注意以下几点：第一，任何一种动作示范都要具有明确的目的性，应当根据体育教学的实际需要进行动作示范。第二，动作示范要正确、美观。正确是指教师在进行动作示范的时候，要严格按照教学的技术规范和要求完成，以保证学生正确地认识动作特征；美观是指动作要能引起学生的兴趣，从而激发学生的主观能动性。

2. 演示法

演示法是近些年来体育教学中普遍使用的一种教学方法，是教师在体育教学过程中通过各种直观教具的展示，让学生获得对技术和知识的感性认识的一种方法。这种教学方法主要用于教授某些通过示范无法达到预期效果的知识和技术，以使教学取得预期的效果。演示法能够让教学与生活中的实际相联系，增加学习某种技术和知识的直观性，便于学生接受和学习，而且能激发学生的学习兴趣，便于学生了解和掌握所学知识。因此，对体育教学而言，演示法是一种十分重要的教学方法。

教师在使用演示法进行教学的时候应该注意的是：第一，要注意所演示动作的实际性。因为演示法教学最终的目的是让学生更详细地掌握教师所教授的知识和技术，因此要结合体育教学实际进行。第二，要结合各种先进教具进行演示。计算机的普及和使用为体育教学提供了便利，同时也为演示法的实现提供了更多载体，这样既能激发学生的兴趣，也能保证演示的效果。

3. 纠正错误动作与帮助法

纠正错误动作与帮助法是体育教学过程中体育教师为了纠正学生的一些错误动作而采用的教学方法。众所周知，体育教学具有很强的实践性，因此在教学过程中，由于体育活动和项目的动作较为复杂，再加上学生缺乏经验，难免会有一些错误动作出现。这个时候就需要教师对学生的动作进行及时的纠正，加深学生的印象，从而提高教学质量。

在使用此方法时应注意的事项有三：第一，切勿挖苦学生。在指出学生错误之时，首先应该肯定学生的进步，然后用较为委婉的语气对学生进行错误动作的指导和纠正。这种纠正错误的教学方法不仅有利于学生接受，还能够鼓励学生不断提升自己的专业知识和技能，同时也不会打击学生的自信。第二，把纠正的重点放在主要错误动作上。其实有很多错误都是由主要的错误动作引起的，纠正主要的错误动作，能够带动整体动作的规范。第三，要有针对性地进行纠错。每个错误动作的产生，都是由一个特定的原因导致的，只有根据这一特定的原因进行正确的引导，才能杜绝错误动作的出现。

（三）以身体练习为主要设计理念的体育教学方法

以身体练习为主要设计理念的体育教学方法，是指通过身体锻炼和练习以及技能的学习，学生掌握和巩固某种运动技能的方法。因为体育教学的本质就是以学生的实践活动为主要特征的教学，因此，以"身体练习为主"的教学是开展体育教学的主要方法和形式，也是教师进行知识和技能传递的主要手段。在体育教学实践中，以身体练习为主要设计理念的体育教学方法有分解练习法、完整练习法和领会练习法等。

1. 分解练习法

分解练习法是将原本复杂的动作分解成几个部分，然后针对每个部分进行针对性体育练习的方法。这种教学方法将技术的难度适度降低，便于学生掌握和学习，同时也提高了学生在学习中的自信。在使用这种方法进行教学的时候，首先应该保证分解步骤的合理性和科学性，使分解步骤能够连贯成整体动作，同时还要保证分解动作的连续性，有利于学生掌握整体动作。例如，在进行篮球教学的时候，教师会教授学生传球、投篮、运球等动作，这样才能够将复杂的活动具体化、简单化。

2. 完整练习法

完整练习法是指在整个运动项目传授的过程中，直接对整套动作进行完整的练习。完整练习法能够保证体育动作的完整性和连续性，易于学生在脑海中形成完整的动作概念。适用于较为简单的运动项目，如仰卧起坐、跑步、扎马步等运动。

在使用此方法进行体育教学的时候，首先应该考虑学生的接受能力。在教学之前，体育教师要进行实验和示范，并加以必要的语言描述，对重点内容进行讲解。同时，注意开发各种辅助性的练习，这样才能不断完善教学效果，提高教学质量。

3. 领会练习法

领会练习法是通过简单明了的语言、文字、图片或者视频，让学生对某一项运动有一个概括性的认识。这种教学方法使学生从体育教学的一开始就对教学动作有了一定的认识，有利于培养学生在运动方面的知识和技能，提高学习兴趣，激发学生的主观能动性。

教师在选用这种教学方法的时候，应该从项目的整体特征入手，然后引导学生对此项目进行具体的练习，最后回到整体的认识和训练中去；同时教师应该注意培养学生的战术意识，使战术意识贯穿于整个教学始末。例如，在对学生进行排球比赛相关规则的讲解和技术的讲授时，首先让学生看某场伴有现场解说的排球比赛，视频和文字介绍能让学生了解到比赛的规则；其次通过观看现场比赛，可以让学生领会排球比赛战术和某一技能的重点。

第三节　体育教学方法的影响因素

正确的体育教学方法不仅是确保体育教学有序开展的基础因素，更是提高体育教学效率和质量的关键因素，在整个教学过程中有着不可替代的重要作用。因此，教师需要做到精心设计、合理选用和科学实施体育教学方法。同时，体育教学方法并不是一成不变的，而是有很多的影响因素，研究体育教学方法的影响因素，能够为体育教学方法的设计、选用和实施提供更多的参考依据。

由于各个影响因素对体育教学方法的选择和实施都产生了一定的影响，因此，从某种程度上而言，它们决定了体育教学方法的发展。体育教学方法的影响因素有以下几点。

一、教学目标与教学任务

教学目标是体育教学的起点和重点，教学任务是实现教学目标的基础和保障，教学方法是完成教学任务的条件和媒介。因此，无论是体育教学方法的设计还是选择，都离不开教学目标和教学任务的指导。再加上不同的教学目标和任务对学生的要求不同，体育教师应当根据这种要求设计具有针对性的教学方法。一般来说，体育教学目标可分为认知、情感和技术动作这几个方面，每个方面的教学又可以根据对知识和技能要求的不同分为若干层次，不同的层次需要学生掌握的内容、要求不尽相同，因此，所需要的教学方法也就有所不同。例如，如果某一教学目标强调的是"培养学生对某项运动的理论了解"，那么，体育教师就可以选用讲解法进行教学；如果某一教学目标强调的是"提高学生某种运动的技能"，那么，就应该选择一些以实际操作为主的教学方法。所以，教学目标也是影响教学方法的因素之一。

总的来说，体育教师要对教学内容进行深入的研究和分析，掌握每种教学方法所对应的知识和技能，同时，还要能够将教学中抽象、宏观的教学目标转变成实际可操作的、具体的教学目标，并清楚地知道何时选择何种教学方法最有效。

二、教学内容的特点

教学内容是体育教学的重要参考，也是体育教学方法的服务对象之一。不同课程以及科目的教学内容不同，其教学任务也就存在明显的差异，所需要的教学方法也会有所不同。由此可见，教学内容的特点是教学方法选择和实施的参考依据。如某一体育教师在进行体操课程的教学时，就需要根据体操对学生身体特点的要求和体操运动所需要的场地、器材、目标来选择适当的教学方法。

每种教学内容都有其相适宜的教学方法，如果需要学生掌握的教学内容是一些纯理论性的知识，如体育教学的发展历史、体育教学的起源等，就可以选择讲解法进行教学，或者借助多媒体教具，通过图片或者动画的形式向学生展示体育相关的理论知识。如果教学内容是一些技术性较强的知识，那么就需要运用分解练习法进行教学，如篮球、足球、乒乓球等，而且由于此类运动具有群体性，那么就应该采取小组教学的方式进行。

综上所述，教师要认真研究教学内容，把握各个教学方法的适用范围和效果，然后结合具体教学内容的特点选择合适的教学方法。

三、学生的身心发展状况

体育教学贯穿于学生的整个学习过程，具有持久性，而且学生的成长和身心发展状况主要包括学生现有的知识水平、智力发展水平、学习动机状态、心理发展的年龄阶段及特征、认知方式与学习习惯等因素，因此，学生的身心发展状况对体育教学会产生一定的影响。心理学研究和教学实践都表明，学生的身心发展状况与教学之间存在相互作用。所以，教学过程中教学方法的选择受到学生的个性心理特征和他们所具有的基础知识水平的限制。对于不同年龄阶段、不同年级的学生，或者同一年级的不同学生，对某种教学方法的适应性可能会有明显的差异。这要求教师能够科学而准确地分析学生的上述特点，有针对性地选择和运用相应的教学方法，使学生在学习知识、掌握技能的同时，身心得到健康发展。

如教师在对学生进行增强体质训练的时候，体育教学所面对的是全体学生，由于任何个体的成长发育都具有阶段性，如果在进行训练的时候对各个阶段的学生所采用的均是同一种训练方法，那么就有可能导致有些阶段的学生无法完成。

四、教师自身的素养

教师是体育教学中的主导者，承担着帮助学生培养身体素质和综合素质的使命，并有指导学生科学地学习体育教学中相关知识的责任。因此，教师自身素养直接影响着教学方法的选用和实施，从而影响体育教学的质量。通过对教学方法的研究以及教学经验的积累分析，教师自身的素养主要包括学科知识、组织能力、思维品质和教学能力。教师在教学过程中，除了要关注学生的实际情况之外，还要不断地提高自身的素养和专业水平，这样才能根据自己的优势，选择适合自己的教学方法，并不断创新教学方法，逐步提升自己的教学水平，这也是提高教学质量的关键。若某一教师缺乏实践教学的经验，并且在教学的组织上存在严重的缺陷，则无法保证课堂教学的效果，也无法正确地引导学生进行相关知识的学习，无法保证教学方法的实施。

如果让一个从没有接触过篮球运动的教师，向学生传授一些篮球运动的相关知识和技能，那么无论是在教学方法的选择还是实施的过程中，该教师会产生一种无从下手的感觉，甚至不能正确地选择体育教学方法，即使能够选择出适用于该运动的教学方法，也会因为自身经验的欠缺，导致教学过程无法按照预期进行。再如，在进行游泳运动教学的时候，教师首先要对学生进行游泳要领的讲解，然后进行示范性教学，但是这个教师不会游泳，就无法保证这种教学方法的教学效果和质量。

五、教学方法本身的特性

教学方法虽然是保证教学质量的关键，但是没有一种教学方法是万能的。每种教学方法都有其适应的人群和适用的环境和条件，离开这种环境和条件，这种教学方法将无法充分发挥其作用。简单来说，教学方法只在特定的环境和特定的内容中才表现出亲和性和功能性，而且不同的教学方法对教学设备、教学对象和学生的身心发展特点等方面均有影响。教学方法本身就是一种多因素的有机组合，既存在促进的关系也存在矛盾的关系，这些多因素同时也决定了每种教学方法都有其相适应的范围和条件。

通过上面的文字叙述，我们清楚地了解到，教学方法本身所具有的特性，也是影响教学方法的因素之一。例如，在进行教学的过程中，采用因材施教的教学法进行教学，首先应该清楚学生的特点、教学内容的特点，这是此教学法的主要要求。由于这种教学方法较为耗费人力、物力，如果教学对象群体较为庞大，此种教学方法就不适用。

六、教学环境的要求

教学环境是教学实施的基本条件，也是保证教学正常进行的前提。任何一种教学方法都是在教学环境下产生和实施的，因此，教学环境是教学方法产生的土壤，也是教学方法赖以生存的养料。我们所指的教学环境包括教学硬件设备设施（比如教学器材和一些辅助仪器、教学所需的资料和书籍），教学空间条件（包括教学场地、实践场地）和教学所需的时间。有利的教学环境会对教学起到一定的促进作用，反之，则会起到阻碍作用。因此，在进行教学的时候，要进一步开拓教学方法的预期效果和适用范围。只有这样，教师在选用教学方法的时候，才能最大限度地利用教学环境，不断提升教学质量。

七、体育教学的指导思想

体育教学方法的核心在于体育教学的指导思想，有什么样的指导思想就会产生什么样的教学方法。体育教学方法的选择不仅取决于对教学理论的了解程度，而且取决于已经形成的教学指导思想的时代性和科学性。

教学方法的选择并不是一个简单的过程，它涉及很多因素。虽然教学方法是以教学活动中的很多因素为基本准则确定的，但它并不是死板的教条，也不是一成不变的理论。在对学校教育和教学的研究中可以看到，使用教学方法目的，就是借助这些方法实现教学目的。如某一个经济条件特别落后的学校，没有专业的教学设备和设施，也没有足够宽敞的室外场地，那么该学校就无法开展诸如足球、篮球等对教学场地和教学设备设施要求较为严格的体育运动。由此可见，体育教学是一种对实践性要求极为严格的教学，也是一种相对复杂的学科，因此，在选用教学方法的时候，要根据教学中所涉及的各种因素，选择合理的教学方法。

第四节　体育教学方法的选择和运用

体育教学方法是体育教师提高教学质量的关键因素。因此，体育教学方法的选择和运用备受关注，成为每名体育教学工作者不可回避的问题。

一、合理选用体育教学方法的意义

就目前体育教学而言，体育教学方法是十分丰富的，再加上随着体育教学改革的不断深入，很多新的体育教学方法被不断开发出来。因而，在实际的体育教学中，体育教师能否正确地、有针对性地选择合适的体育教学方法，是衡量教学质量的重要因素，同时选择合适的体育教学方法也是提高体育教学质量的基础。

为了保证教学的质量，身处教学一线的体育教师，要根据体育教学的目标和各种教学因素，选择合理的体育教学方法，并在对教学过程中所涉及的各种因素进行认真研究的基础上，对所选择的教学方法进行合理的组合，这样才能不断提高体育教学的质量。

教学方法是教师在进行体育教学时的手段，从这种观点上看，体育教学方法是教师行使教育权利和履行教育义务的工具。"磨刀不误砍柴工"，工具的选择决定了教学的质量。所以，每个体育教师不仅要学会各种体育教学方法，还要具备在体育教学实践中科学、正确地选择和应用教学方法的能力，这样才能够真正提高体育教学质量，更出色地完成体育教学任务。

二、选择体育教学方法的依据

体育教学方法的选择一直都是体育教学中的难点，因此，每个体育教师都应该具备选择合理的体育教学方法的能力。再加上每种教学内容都有其相对应的教学方法，每种教学方法对其教学环境和主体都有着不同的要求，因此，要结合各方面的因素对教学方法进行合理的选择和应用。体育教学方法的选择有以下几种依据。

（一）根据体育课程的目的和任务选择教学方法

不同的体育课程，其教学目的和教学任务要求采用不同的体育教学方法，因此，体育课程的目的和任务是选择体育教学方法的依据之一。如果向学生介绍一些体育运动项目的知识和要求，就可以选择一般教学所用到的"讲解法"；如果是教授学生一些运动的技巧和方法，就需要用到"动作示范法"和"演示法"；如果是需要学生进行锻炼或是练习的课程，就可以使用"练习法"；如果是为了提高学生的交际能力，就可以使用"讨论法"；如果想提高学生的竞争意识，就需要多使用比赛的方法。由此可见，在进行教学方法的选择时，应该将体育课程的教学目的和教学任务作为体育教学方法的选择依据。

（二）根据体育教学内容的特点选择教学方法

在数学教学过程中，不同类型的题目，需要采取不同的解题方法。对于体育教学也是一样，不同类型的体育教学内容，也需要采取不同的体育教学方法。如在进行器械的基本操作的教学时，就应该使用分解教学法；在进行类似于游泳、滑冰等技术和技能动作的讲授时，所采用的也是分解教学法；进行诸如跑步、投掷、跳跃等连贯性要求较强且动作发生较为短暂的运动项目的教学时，需要采用完整教学法；而一些对技术要求较为严格的球类运动项目，则需要使用领会教学法；对于锻炼性较强的体育项目则需要使用循环教学法。因此，体育教师要在仔细分析教材的基础上，根据体育教学的性质和相关的教学特点创造性地选择体育教学方法。

（三）根据学生的实际情况选择教学方法

选择和使用体育教学方法的根本目的就是帮助学生更好地学习，促进体育教学目标的顺利完成，它不仅仅是体育教师在教学过程中的"展示"。因此，体育教学方法侧重的不是教师，而是学生学习的效果和对知识的掌握情况。因此，在选择教学方法的时候，要从学生发展的实际和学生的身体状况出发，选择最符合学生实际情况、最能促进学生对教学技能掌握的教学方法。

（四）根据教师自身的情况选择教学方法

教师是教学方法的实施者，任何一种教学方法只有与教师的自身特点紧密结合时，才能取得理想的效果。有的教学方法虽然能够达到很好的教学效果，但是如果教师的自身素质较低，无法很好地驾驭，也不能有效提高体育教学质量。因此，教师的自身素养对体育教学方法也有较大影响。比如，有的教师的思维能力和语言表达能力较强，就应该多使用生动的语言描述体育教学的现状和问题；运动技能较强的体育教师，就可以多采用一些演示和示范性的教学方法，在传授教学内容的同时，提高学生的学习兴趣，从而让学生更好地理解体育知识和技能。

（五）根据教学时间和效率选择教学方法

每种教学任务的教学时间和效率是不同的，如实践法比讲解法花费时间，分解教学法比完整教学法更花费时间。针对一些技能和技术问题的时候，实践法比讲解法的效率更高。所以，在选择教学方法的时候，也要相应地考虑每种教学方法的教学时间的长短和效率的高低。一种合适的教学方法应该保证时间和效率上的完美结合，能保证在规定的时间内，完成指定的教学任务，并取得理想的教学效果。这就要求体育教师要对体育教学的方法有着全面的掌握和了解，从而选择一些既省时又有效的教学方法，以达到教学效果的最优化。

三、体育教学方法选择和应用的原则

体育教学方法作为体育教师在教学过程中的工具，发挥着非常重要的作用。再加上新课标对体育教学的要求，体育教学方法受到越来越多的体育教学工作者的重视。但是体育教学方法的选择并不是盲目的，通过对体育教学的研究得出，体育教学方法的选择和应用应该严格遵守以下四项基本原则。

（一）目标性

教学方法是为实现教学目标而服务的，教学目标为教学方法的选择提供参考依据，教学方法又促进了教学目标的实现。因此，在进行教学方法的选择和运用时，一定要保证教学方法的目标性，首先应该清楚其教学目标是什么，然后再去思考如何才能应用这种教学方法完成教学目标。只有保证教学方法具有目标性，才能保证教学的质量，从而顺利完成教学任务。

（二）有效性

在选择教学方法的时候，还要考虑其在教学目标完成的有效性，实际上就是指利用这种教学方法提高教学质量，顺利完成教学目标的可能性。有些教学方法由于其步骤较为复杂，所花费的时间过长，就会对其他的教学内容造成干扰，降低教学的效率，那么这种教学方法就失去了在教学中的有效性，不利于教学活动的顺利进行。如教师在指导学生进行跑步训练的时候，采用的是多媒体教学和实践训练相结合的教学方法，但是由于跑步是一项较为简单的运动，仅仅需要理论结合实践的教学方法就能完成，不需要采用多媒体教学。因此，采用多媒体教学和实践训练相结合的教学方法，就会降低教学的有效性。

（三）适宜性

每种体育教学方法都有其相适应的教学环境和对象群体。所谓的适宜性可以分为两个方面：一是指教学方法与学生之间的适宜性，主要指教学方法是否符合学生的身心发展的特点；二是指教学方法与教师之间的适应性，每种教学方法对教师的自身素质都有要求，只有两者相适应，才能最大限度地发挥教学的优势。

（四）多样化

体育是一门较为复杂的学科，体育教学方法也十分丰富，每种教学方法都有其相对应的功能和作用，只有多种方法相互结合才能发挥体育教学的优势。多样化的教学方法不仅可以让体育课堂更加生动和丰满，而且能调节课堂的气氛，激发学生的学习热情和主观能动性，使学生集中注意力，实现教学效果，提高教学质量。

第四章 高校体育教学课程改革

第一节 体育课程教学理论概述

一、高校体育课程教学基本理论

（一）高校体育课程教学理念

1. 课程和教学的概念

在教育教学实践中，我们经常使用课程与教学这两个概念，但让我们清楚地回答两者的概念，说清它们的区别与联系，并不是所有的教师都能做到的。这不仅仅是一个基本的理论问题，更是关系到如何根据对这两个概念的基本理解，去科学地做好教学工作的问题。

从概念上来说，课程是教学科目的总和及其进程，或一门教学科目及其进程。教学是有目的、有计划、有组织的师生双边教与学的活动。总而言之，我们可以简单地把课程理解为教与学的内容和对象，教学理解为教与学的过程和方法。

2. 高校体育课程教学的理念

体育课程的定位着眼于 21 世纪人才素质的需求，注重以人为本，强调以学生的学习、发展为教学的中心，以"健康第一"作为教学的指导思想。体育课程教学以学生的学习、发展为本，教学过程中，要求学生进行主动学习。倡导学生主动参与、乐于探究、勤于动手，培养学生体育能力和进行体育锻炼的良好习惯，树立终身体育的运动意识。教师在课程教学过程中的主导作用是引导、帮助学生对体育课程知识、运动方法和动作技术的学习。

体育课程突出学生作为课堂教学的主体地位，重视教师的主导作用，在教学过程中为完成共同的教学任务，实现共同的教学目标进行知识技能的传授、研究和探索。确立知识与技能、过程与方法以及情感态度与价值观二维度的整合。体育课程的教学要在继承与发扬传统的体育教学成功经验基础上，确立知识与技能、过程与方法以及情感态度与价值观三个维度的整合。

强调知识与技能、过程与方法以及情感、态度与价值观的整合，体育课程打破了学科的本位主义框框，删除了"繁、难、偏、旧"的内容，改变了过于重竞技运动的状况，加强课程内容与学生生活以及现代社会和科技发展的联系，把课程回归现实生活。新课程教学注重理论与实践的结合，体育运动与健身方法的结合强调体育锻炼与日常生活的融合，使学生学会学习的方法、培养体育锻炼的习惯、养成终身体育的意识。综合应用多学科理论进行教学，促进学生身体的健康发展。现代科学发展越来越呈现综合化的趋势，无论自然科学还是人文科学，各学科之间往往相互渗透，产生新的边缘学科。

体育课程的教学是促进学生生理健康、心理健康水平及社会适应能力的健康发展、有效增强学生体质的过程。全面发展学生的身体素质和基本运动能力，形成良好的运动技能，同时注重在体育教学过程中对学生进行思想品德教育。要完成上述的教学任务，必须综合运用体育科学、教育科学、人文科学等多学科的理论与方法，促进学生身体的健康发展，有效增强学生体质。学生身体的健康发展是指学生身体机能、身体形态、心理素质和社会适应能力的全面发展。实施体育课程教学活动是促进学生身体的健康发展，有效地增强学生体质的运动过程。健康发展的内涵是指学生的全面、健康、和谐、可持续发展。

3. 高校体育课程教学的指导思想与任务

健康第一的指导思想不但给体育课程教学改革注入了新的内涵，而且在提升学校体育价值含量的同时，使学校体育的教学目标更加明确。改变过去传统的体育教学"重竞技"，围绕"达标率""合格率"等功利性倾向，改变教学目标与学生学习的脱节现象，使体育课程教学与社会政治、经济的发展需求相适应，使体育课程教学与促进学生身心健康发展，有效地增强学生体质的目的和以学生为本的教学理念更加贴切。体育教学的指导思想在体育课程教学过程中通过各种途径对学校体育教学目标、教学任务、教学内容、教学方法、教学的组织形式和体育锻炼过程的体系产生极为重大的影响，是整个体育教育理论的核心。实现高校体育教学目标，体育课程教学的总任务，要全面锻炼学生的身体，促进学生生理健康、心理健康水平，有效地增强学生体质。培养学生体育能力，科学地应用健身方法，养成良好的体育锻炼习惯，为终身体育奠定良好的基础。

（二）高校体育课程的教学过程与内容

1. 体育课程的教学方法

体育课程的教学方法是教师和学生为了实现共同的教学目标，完成共同的教学任务，在教学过程中运用的方式与手段的总称。体育课程教学理论与方法的探索、研究与发展，从始至终都遵循教育学、心理学、运动人体科学的原理，遵循教学理论与教学实践相结合的事物发展规律，遵循人体运动知识、技术技能的形成规律。体育教学方法主要研究学校体育教学的基本规律，新课题是促进学生身体的健康发展和有效地增强体质、掌握体育知识与运动的规律。从宏观的角度上分析体育教学方法时，笔者认为体育教学方法是体育课程教学活动过程中教师和学生为完成共同的体育教学任务，实现共同的体育教学目标过程的总称。从微观的角度上分析体育教学方法时，体育教学方法是由各种不同层次、具体性的教学方略、教学技术、教学手段和教学形式等所组成的一个系统性结构，包含多层面的教学技术。

2. 体育课程的教学过程

体育课程理念下的教学观强调：教学过程是师生积极参与、交往互动的过程。教学是教师的教与学生的学的统一，这种统一的实质是交往。在体育课教学过程中，强调教师的教以及学生的学所构成的一个有机组合的整体教学结构系统。教师根据学校体育的教学目的、教学目标、教学任务、教学内容与教学要求，通过体育课程教学与课外体育锻炼活动等不同的组织形式，将具体的体育基础知识、健身方法、运动技术和练习手段有目的、有计划、有组织、系统地传授给学生。逐步培养学生掌握、运用体育基础知识、健身方法、运动技术和练习手段进行运动健身的能力，以及对学生进行思想、道德、品质的教育。

3. 高校体育课程的教学内容

体育教学内容是根据体育课程教学目标、指导思想、教学任务、学生的学习需要与教师的职业技能，遵循体育教学规律和教学原则来选择教学素材，并且对其进行体育教材化的加工和创造，构成科学的、合理的、适合于社会需求和学生发展的体育课程教学内容结构体系。体育课程教学内容是体育教学实践活动的载体，包含了体育教育的基本理论知识、体育健身的方法、运动技术、思想品质教育等体育教学要素和丰富的文化内涵。

教师通过教学内容的"教"和学生对教学内容的"学"的过程，使学生学习、掌握体育教育的基本理论知识、体育健身的方法、运动技术，提高身体的运动能力水平和形成良好的运动技能。从体育教育活动实施过程及其对人的发展角度进行分析，体育课程教学内容从本质上起到了体育教学实践活动的载体作用。

体育教学素材有两个明显的特征：一是素材来源广泛，内容丰富。二是教学素材之间不具有严密的逻辑性，教材系统结构中每项教学素材内容都具有各自的功能性，由多项教材内容具有的功能性总和构成了能够达成多元教学目标的可能。

体育教学内容与竞技运动区别表现在以下两个方面。

第一，体育教学内容是根据体育课程教学目标、指导思想、教学任务、学生的学习需要与教师的职业技能，遵循体育教学规律和教学原则所选择的教学素材，是以学生身体健康发展和增强体质为教学目的。而竞技运动内容则是以参加竞技比赛，夺取金牌为目的，以运动员掌握、运用运动技术，提高运动竞技能力与水平为运动训练任务，明显存在不同的任务和目的。

第二，体育教学内容必须根据学生学习的需要进行体育课程教材化的改造、组织和加工，而竞技运动内容则是由统一的竞赛规程、规则制订，通常情况下不允许进行改造。体育教学内容与其他教育内容一样是随着社会发展需求而处于不断变化和发展的过程之中。现代的体育教学内容的基本结构体系是随着学校体育和近年来体育运动的发展而逐步形成、改进与完善的。

4. 高校体育课程的教学评价

体育课程教学改革的一个重要内容就是以评价促发展，因此评价学生的学习要能够体现学生学习的不同层次水平。教学评价是研究课程教学过程中教师的教和学生的学的过程和结果。体育课程教学评价一般包括对教学过程中教师、学生、教学内容、教学方法手段、教学环境、教学管理诸多因素的评价，但主要是对学生学习过程与结果的评价和教师教学工作过程的评价。评价中依据一定的客观标准，通过各种测量和相关资料的收集，对教学活动及其效果进行客观衡量和科学判定。

教学评价活动强调体育课程教学应以促进学生身心健康发展为根本目的，贯彻"健康第一"的指导思想，要求在全面锻炼身体的基础上，促进学生生理机能、心理素质及社会适应能力方面都得到健康的发展，为终身进行体育锻炼打下良好的基础。体育课程教学的评价通过了解与评估教学各方面的情况，从而判断教学的过程、质量和水平，包括课程教学的成效和缺陷。体育课程教学的评价对教师的教和学生的学都具有极为重要的激励和导向作用。通过评价反映出学生对学习的态度、动机、兴趣、方法及其结果能够激励教师的教和学生的学习过程，使师生了解与掌握自己所进行的教学状态及其发展变化情况，提高教学活动的效率，从而获得最佳的结果。

二、高校体育课程与课程教学模式改革

课程是为实现学校教育目标而选择的教育内容的总和，包括学校所设置的各门学科和有目的、有计划、有组织的课外活动。在我国，体育课程是全面贯彻党的教育方针、进行素质教育的重要组成部分，属于基础学科、国家课程，并被列为高校一、二年级的必修课。它是以身体锻炼为主要特征、理论与实践密切结合、促进身心全面发展的教学课程。

（一）高校体育课程概述

高校体育课程是整个高等教育的基础课程之一，是完成高等教育目的和实现人才培养目标的主要组成部分。高校体育课程是指依据高等教育目标制定的高校学生在校期间各种体育活动的总体规划及其教育活动，是为实现高校体育目标而规定的体育内容及其结构、程度和进程，包括课程指导思想、课程目标、课程设置（课程号、课程名称、课程模式、学时计划、考试形式等）、课程内容、课程结构等方面。它是以发展大学生体能、促进大学生身心健康和获得终身体育能力为主要目的的一种特殊的教育性课程，它与其他课程相配合，以共同实现大学生身体素质、心理素质、思想道德素质、科学文化素质、专业素质和业务素质等方面的全面发展。随着社会的发展和教育改革的深化，以及国家培养人才的要求和学生自身发展的需要，体育课程的功能不断得到拓展和延伸。它所涉及的不仅是体育科目的内容及其活动领域，还包含着以潜在内容为活教材的整个高校体育活动。

体育教学过程是一个以传授和学习体育知识技能为主的过程；体育课程则不仅限于知识技能的传授，还包括身体锻炼。为全面推进素质教育，充分体现"健康第一""以人为本"的现代体育教育理念和终身体育等指导思想，培养身心健康的具有创新精神和创新能力的高素质复合型人才，从客观上要求对高校体育课程体系进行全面深化改革，才能构建适应 21 世纪社会发展的高校体育课程体系，将高校体育教学内容、课程体系和教学方法的改革不断引向深入，实现从单纯的体质教育、体育技能教育向综合素质教育转变，从以传授体育知识技术为重向知识、能力、素质并重转变，注重学生创新精神、创造能力的培养，注重学生个性的发展，因材施教，实现体育课程校内外、课内外一体化的体育大课程教育观。教育思想观念的改革是长期的、贯穿于教育活动和教学改革的整个过程，在转变思想观念和进行高校体育教育改革与实践的过程中，全国高校在体育课程改革中经历了多个发展阶段并初步形成了各具特色的体育课程教学模式。

（二）改变高校体育课程教学结构模式

为进一步深化高校体育课程体系和课程内容的改革，培养面向未来的优秀人才，高校

体育教学作为实施高校体育课程目标的主要途径，已成为我国高校深化体育课程改革的核心。国家规定普通高校一、二年级必须开设体育课，三年级以上可开设体育选修课。全国有统一的教学指导纲要，各省根据教学指导纲要制定适用于本地区内高校的体育课程指导纲要实施意见。

20 世纪 80 年代中期以前，高校体育课程教学模式主要沿袭苏联的规格型模式，各学校有统一的教学计划、大纲和教学评估要求，甚至有规范的课时"教学日历"，严格规定了教材内容、前后顺序安排、运动时间分配和运动量控制方法。课程结构普遍采用"三段式"模式，即准备部分、基本部分和结束部分。强调统一和规范，注重教学计划和教学内容的完整性、连续性；强调教师的主体地位。教学安排主要依据人体功能活动变化规律、运动技能学习规律来具体实施体育教学工作。

20 世纪 80 年代以后，高等教育体制进行了一系列改革，逐渐建立了"健康第一""以学生为主体"的现代教育理念和科学的教育发展观，国家体育课程教学指导纲要更注重指导性和引导性，强调体育教学基本目标和发展目标。高校体育课程也进行了全方位的深化改革，呈现出多样化的发展格局：体育课程设置由普通体育课改革为体育选项课，进而发展为教学俱乐部制；教学双边关系由"教师主体、学生主导"向"以学生为中心""学生是学习的主体，教师起主导作用"的方向发展；由注重遵循教育规律和学生生理发展规律，逐渐向注重生理、心理和社会的三维体育教育观转变。

三、推进高校体育课程教学模式的演进与课程设置模式

由于受不同时期教育思想变迁的影响，我国高校体育课程教学模式也经历了不同的发展阶段，形成了不同时期占主导地位的教学模式和课程设置模式。

（一）高校体育课程教学模式的演进

从强调增强体质为中心的"传习式"教学模式阶段，发展到强调以学生的体育知识、技术、技能的学习为中心，培养学生体育兴趣爱好和良好的体育锻炼习惯，从而获得终身体育锻炼能力的"教养式"教学模式阶段。随着以人为本、健康第一的现代体育教育理念的形成和科学发展观的树立，现代体育课程教学逐渐改革成为以学生为中心、以教师为主导的培育式教学模式阶段。

1."传习式"体育教学模式

"传习式"体育教学模式是指在体育教学活动中，根据人体生理发展的需要和动作技能形成的发展规律，通过教师传习和学生接受的方式而形成的教学活动形式或教学现象。

该模式突出了体育教学的健身性、教学性等主要功能，强调学生学习体育的教学目的。在教与学的过程中，教师占主体地位，学生处于被动学习的状态，对学生的教育效果主要体现在生理和学习知识的变化上，忽视了学生主体的学习兴趣和本体的心理性反应，不利于学生学习能力的培养。

2. "教养式"体育教学模式

"教养式"体育教学模式是指在体育教学活动中，根据人体生理、心理发展的需要，通过教师传习和学生主体能动性反应而形成的教学活动形式或教学现象。该模式突出了体育教学健身性的主要功能和教育功能，强调学生学习体育和学会体育的教学目的。在教与学的过程中，教师和学生处于双边的能动关系，对学生的教育效果不仅体现在生理性的变化上，还体现在心理活动方面。与"传习式"体育教学模式相比，该模式注重了学生学习时的心理需要，注重了学生主体性学习能力和锻炼能力的培养。

3. "培育式"体育教学模式

"培育式"体育教学模式是指在体育教学活动中，根据人体生理、心理和社会发展的需要，通过教师和学生互动的方式而形成的教学活动形式或教学现象。在发挥体育教学的健身性、教育性功能基础上，该模式强调发挥体育教学的社会功能，强调学生不仅学习体育、学会体育，还会学体育的教学目标。构建以学生为中心、以教师为主导的新型师生教学关系，对学生的教育效果不仅体现在生理、心理上，也体现在综合体育素质和社会适应性能力方面。与"教养式"体育教学模式相比，该模式注重了学生社会尊重的需要，注重了综合体育素质和社会适应性能力的培养。

（二）高校体育课程设置体系

高校体育课程是国家规定的基础性课程，按照《普通高校体育课程教学指导纲要》的精神，在大学一、二年级为必修课程，三、四年级可根据条件开设选修课程。各高校根据自身的特点和要求，逐步建立和健全富有学校自身特色的体育课程设置体系。就我国高校公共体育课程设置情况来看，以选项课为主要模式的高校体育课程设置体系已经形成。

（三）高校体育课程设置模式

在贯彻现代体育教育思想，进行高校体育课程教学改革与实践的过程中，国内各高校不同程度地进行了体育课程设置模式的改革，这些模式经过一定时期的发展、沉淀和聚类，基本可归纳为以下五种典型模式。

1. "选项课+校定特色体育必通课" 模式

建立以一、二年级体育选项课教学为主体，并设以校定特色体育课程，要求每个学生必须通过校定必通课基本考核标准的课程设置模式。这一模式的采用要求体育师资力量配备充足，学校政策、财力的大力支持，教师工作待遇有较好保证等条件，能达到学生体育基本素质普遍较高，锻炼意识较强的目的。

2. "完全教学俱乐部" 模式

建立根据学生体育兴趣爱好，实行学生完全自由选体育项目、选时间、选教师的体育教学俱乐部模式，并将教学俱乐部延伸到课外体育俱乐部，教学模式采取指导制形式。这一模式的采用一般要求体育教学的场馆设备条件优良，并具有较强的吸引力，有完全学分制的教育制度管理，学生体育基本素质好，锻炼积极性高，有较强的自我锻炼和体育学习习惯与能力，教学时间充分保证，师资专业结构能充分满足学生学习的需要。

3. "教学俱乐部+选修课" 模式

建立完全网上自由选课、选时间、选教师的体育教学俱乐部模式，教学方式仍以班级授课制进行，教学管理采取学期必修课或选修课形式。教学俱乐部是介于体育选项课模式与完全教学俱乐部制之间的中间模式，这一模式的采用一般要求有一定的体育师资和项目群储备，学生的可选择性要强，有专门的体育教学选课服务系统支持，对体育教学硬件设施的要求没有完全教学俱乐部制高，学生在选课程的可选择性方面易受授课时间、师资、课程设置模块的限制。

4. "基础课+选项课" 模式

建立一年级（或第一学期）基础课、二年级（或第二、三、四学期）选项课的教学模式。基础课一般按照行政班级授课，选项课采取网上选课或根据报名情况编制体育班的方式进行。这一模式较多地强调提高身体素质的重要性，有利于一些传统体育项目和校定特色体育的教学和考核，也便于教学的组织管理工作。

5. "选项课+教学俱乐部" 模式

建立以一年级体育选项课、二年级按照所学专业的"准职业岗位"特殊体育素质和能力需求，开设含职业实用性体育教学内容的俱乐部教学模式。这是一种以就业为导向，强调体育教育实用性功能，以培养"准职业"人员岗位特殊体育素质和体育活动能力的新型模式。

第二节　体育教学内容结构体系构建与改革

一、高校体育教学内容体系构建

体育教学内容是体育教学大纲规定的学习范围。我国体育教学内容包含理论和实践两部分。教材是一个知识技能体系，是联系教师和学生的中介，是学生主要的知识来源，也是学生身心发展的基础。从小学、中学到大学，教学内容均以体操、田径、篮球、排球、足球、武术、舞蹈、游泳、滑冰等动作项目为主体，尤其是田径和体操比重最大，这就是我们实践教材选择的基本范围。但事实是这样的局面：到了大学，许多基本的运动技术没学好，身心发展目标的达成也受到影响；既不能满足社会主体的需要，也不能满足学生主体的需要。当然这些问题的存在不是说运动项目不能作为体育教学内容，任何时候这些竞技项目都是体育教学中的重要内容。关键是整个教学内容体系应该有一个合理的结构，这个结构要贴近社会和生活，符合学生的身心发展特点。因此，研究教学内容结构体系建立的理论，探讨体育教材选择的依据，对提高体育教学效果是十分必要的。

（一）体育教学内容的结构特征

体育教学内容的结构是指体育教学中特定的内容之间的分工配合。它必须既能满足社会的需要，又能满足作为教学主体的学生的需要。换句话说，就是学生对能满足自己需要的教学内容才会产生兴趣。因此，教学内容的优化组合是体育教学内容结构中的关键，而社会需要是社会对教育目标的要求。社会需要和学生主体需要具有统一性，但它们在满足的层次上、时间顺序上是不一致的，我们必须把握体育教学内容结构的基本特征。

1. 体育教学内容结构的目的性

体育教学内容结构具有明显的目的性。首先，在不同的学习阶段，学生对体育教学内容的需要是不一致的。其次，体育教学的内容结构要有利于学生形成合理的认知结构、技术技能结构、能力结构和体育方法结构。例如，在小学阶段，由于体育教学的目标主要是提起学生对体育的兴趣，发展他们的基本活动能力，培养自尊心和自信心，进行团队精神的熏陶。让他们在学习过程中感受体育的乐趣，在集体练习中培养协作精神，在完成练习中树立自信。进入中学以后，体育教学目标提高了，侧重点有所改变，这时的教学内容结构就需要相应地进行调整。

2. 体育教学内容结构的联系性

体育知识和运动技能的种类是极其丰富的，任何体育教学内容结构都只能包含其中的一部分。通过这些内容的教学，可以有效地扩大知识范围，打下良好的体育运动技术技能基础并建立良好的能力结构，为学生进一步的发展创造条件。体育教学内容结构的联系性表现在以下方面。

（1）具有横向特点的广泛性

身心的发展要求是全方位的，既包括保健、营养、卫生、锻炼原理、竞赛规则等基本知识，又包括促进身体发展的各种运动技术技能和练习方法。

（2）具有纵向特点的复合性

体育教学内容要随着学习的进行逐步深化，这是教学的基本规律。但是，体育教学目标是多元化的，它的实现依赖于多种教学内容的综合效应。复合性和广泛性的结合可以提高体育教学内容结构的全面性和协同性，教学内容的广博性和教学内容之间的联系性对学生创造性的发展也是非常有利的。

3. 体育教学内容结构的相容性

体育教学内容结构的相容性表现在体育教学内容结构内部相互渗透、彼此贯通。作为一个知识结构，体育教学内容结构应该是纵向联系、横向相关的，这种结构内部互相关联的特性必然要求不同的内容之间彼此相容。体育教学内容结构的相容性使教学内容的选择具有更大的灵活性，体育知识技能具有更强的综合性。

4. 体育教学内容结构的动态性

体育教学内容结构要跟上体育科学的发展步伐，符合社会发展的需要，就必须具有动态性。这些新的知识必然要及时在体育内容结构中反映出来。社会对人才素质的要求是不断变化的，如现代社会的快节奏、高竞争性的特点对人才的竞争力、创造力和良好的心理素质有了更高的要求。因此，体育内容结构总是处在一个动态的变化之中。

5. 体育教学内容结构的实践性

体育教学内容以实践为主，这是体育的本质属性所决定的。活动性内容应以在实践过程中对身心健康水平的良性影响为依据，换句话说，就是要考虑它对体育教学目标的贡献，使之既能产生教学内容体制改革具有的个别优势，又能形成多种内容结合而成的结构优势。

（二）体育教学内容选择的原则

体育教学内容非常丰富，而真正作为教学内容的，仅仅是其中的一部分。我们应该遵循以下原则。

1. 实践性和知识性相结合的原则

实践性和知识性相结合是由体育的本质属性所决定的。通过实践，要使身体的大肌肉群得到活动，各内脏器官系统得到锻炼，同时体验到体育的乐趣，这些都是以体育教学内容作为媒介来实现的。知识性主要体现在为什么做、怎么做和为什么要这样做上，这固然要通过基础理论内容来讲授，但更多的是在实践中体验、理解，通过运用来强化。体育教学内容发挥的作用就是将实践与知识连接起来。

2. 健身性和文化性相结合的原则

健身性是体育教学区别于其他教学的显著特点。文化是人类认识世界、改造世界和适应环境的产物。健身性和文化性相结合，就是体育教学内容既具有良好的健身价值，又具有丰富的体育文化内涵。

3. 民族性和世界性相结合的原则

体育的形式和内容总是与一些国家或地区的民族文化传统和民族习俗有关的。例如，我国的武术、日本的柔道、希腊的马拉松、欧洲的击剑等，无不具有鲜明的民族色彩。体育教学内容仅强调民族性是不够的，任何民族，无论多么优秀，在发展过程中总会受到来自方方面面、形形色色因素的约束，总会具有一定的片面性。因此，体育教学内容必须体现出民族性和世界性相结合的原则，既要在保留优秀的民族体育内容的基础上，又要充分吸取来自世界各民族的优秀体育内容，将它们融合在一起，使之形成一个优势互补、功能齐全的体育教学内容体系。

4. 继承性和发展性相结合的原则

继承优秀的传统文化是教学的重要功能。体育教学内容的选择无疑是要吸收我国历史悠久的传统体育内容，这就是体育教学内容的继承性特点。文化的继承是有选择的、批判性的，对于传统体育内容，我们在有选择继承的基础上进一步丰富其内涵，在保留其原有特点和精华的前提下剔除那些不健康的东西，使其更具有时代气息，这就是体育的发展性特点。

5. 统一性和灵活性相结合的原则

体育教学内容要面向全体学生，它必须有基本的要求，有一个相对统一的标准，使体育教学有一个较为规范的目标。我国地域辽阔，各个地区的条件不一致、发展不平衡，教学的相关基础不在同一起点上。即使是处于同一个教学阶段的学生都会表现出明显的不同特点，因此教学内容必须根据教学条件和学生特点，兼顾统一性和灵活性，才能有利于促进学生身心全面发展。

二、体育教学内容的变革

(一) 体育教学内容的变迁与改革的课题

我们从百年以来的几个历史阶段来看体育教学内容的变迁，可以看出体育教学内容有以下的变化趋势：首先，随着现代竞技体育运动的兴起和普及，正规的竞技体育运动正逐渐代替乡土性的体育教学内容；其次，体育教学内容的数量在减少，但难度有所增加；再次，体育教学内容中的娱乐因素逐渐减少；最后，体育教学内容所需要的运动器材越来越正规化。由于上述这些变化，体育教学内容出现了单调、锻炼性强、要求教学规范化和场地器材条件高的趋势。由此而形成体育教学内容变迁与改革的课题如下。

①改变体育教学内容趋于平纯的锻炼和达标相统一的趋势。

②解决体育教学内容与学生社会体育活动之间的差距。

③要解决学生因体育教学内容缺乏娱乐因素而不喜欢体育课的问题。

④要解决与体育教学内容难度有关联的问题。

⑤要解决乡土教学内容的开发不足和体育教学内容民族化的问题。

(二) 体育教学内容改革的方向

现在体育教学内容的改革已是体育教学改革的一个最重要的方面，也是当务之急。教学改革应如何进行，朝着哪个方向进行，可以从过去的教学内容方面总结经验和教训。主要有以下几个方面的改进：第一，以学生为本；第二，教学内容弹性更大；第三，明显淡化竞技技术体系；第四，教学内容更加概括，给教师和学生留出广阔的空间；第五，基本体操删去了大部分体育教学中不常使用的队形和队形变化的内容；第六，增加女生喜爱的韵律体操和舞蹈内容。

(三) 体育课程与教材的选用

课程问题是任何一种学校教育的核心问题。这是因为课程集中体现了教育的要求、具体反映了教学内容，还是教育质量评估、教学水平评价的重要依据之一。仅从一个角度去评价体育课程，选择体育教材显然是不可取的。

我们还应该看到，教材有一个合理的排列组合问题，即纵向组织原则和横向组织原则。教材的选择具有多样性。这种多样性不仅来自学生身心需要的多样性，也来自身体练习的多样性，那种"唯一"或"最好"是不存在的。而且体育对健康教育内容的科学性、灵活性和多样性，给了体育教师在选用教材时更多的自主权、更大的余地。教材要多样化和具有开放性，要突出重点，不求面面俱到。处理好各水平阶段的纵向衔接与其他学科的横向联系，避免重复，同时注意在继承优秀传统体育文化的基础上吸收现代体育文化。体育与健康教材应突出健身性，健身性是体育的本质属性。

体育教材的选择要考虑以下几个方面。

1. 要考虑教材对心理的影响

选用的教材要有利于培养学生顽强的意志、健康的个性和积极向上的心理品质。

2. 要考虑教材的优化功能

一般情况下，只要合理运用，体育教材都有健身的作用。运用时要争取优选出最具健身效果的教材。有两层含义：其一，要注意教材本身的健康价值；其二，要注意教材搭配所产生的最佳效果。体育与健康教材要注意文化性。体育是人类所特有的一种社会活动，它具有继承性、民族性、时代性、世界性等文化特征，注意教材的文化性也就是要考虑体育教材的文化特征，即要注意对优秀传统教材的继承，使教材体系更具有时代气息、更加完整；使学生能形成正确的体育价值观念、良好的体育道德和符合时代要求的体育行为规范，实现身心的健康发展。

3. 体育与健康教材要增强娱乐性

体育教学的主要目标是树立终身体育意识和形成终身体育能力。第一，体育教材的娱乐性是引起学生体育兴趣的重要因素。第二，体育教材的娱乐性有利于学生体验到体育运动的乐趣，领略到体育魅力。第三，通过参加具有娱乐性的体育运动，能使学生精神愉悦，有利于缓冲学生的紧张情绪，更好地提高学习效果。

4. 体育与健康教材要具有典型性

体育教学的内容非常丰富，教材不但类别多，同类教材项目也多。因此，我们选择的体育教材应具有典型性。

典型性表现在以下三个方面。

①在能满足达成同一教学目标的各类教材中，选择最有代表性的教材。

②在达成同一目标的同类教材中，要选择最具代表性的教材。

③选用的教材在同类教材中，在技术结构或身心发展上具有代表意义。

5. 具有实用性

体育教材是学生学习体育知识、提高健康水平、培养终身体育意识和能力的载体。体育教材的实用性表现在以下几个方面。

①体育教材对激发学生的体育兴趣、掌握体育知识、培养体育能力、体育方法的训练和身心发展有积极的促进作用。

②选用的教材在教学中要有适宜的教学条件作保证，使学生愿意将教材内容作为终身锻炼的手段，为其树立终身体育意识和培养终身体育能力奠定良好的基础。

③选用的教材对体育教学目标的实现有较高的价值。体育教材要体现时代性。体育是一种社会活动，它是随着人类社会的发展而发展的。以现代奥运会为标志的竞技体育，每四年都要展示一些新的项目就是证明。

第三节　体育专业核心课程与特色课程

一、专业核心课程

（一）运动生理学

运动生理学是运动人体科学最基础的课程之一，主要内容是在体育活动的影响下，人体生理功能发展变化的规律，体育锻炼及运动训练的基本生理学原理，特别是青少年生理功能与年龄、性别特征及体育锻炼的关系。要求学生掌握体育锻炼与运动训练中人体生理机能变化的特点和规律。

（二）体育保健学

体育保健学的主要内容是人体保健的基本规律和中国传统保健的基本理论和方法，以及人体在运动过程中的保健规律和措施。要求学生掌握常见运动创伤的预防、处理的知识和技能；能指导从事符合生理规律的运动，以收到增强体质、增进健康的效果。

（三）学校体育学与体育教法设计

这里主要讲授体育和体育科学的概念；体育和政治、经济及其他社会现象的关系；体育在我国社会主义现代化建设中的地位、作用和意义；体育的基本手段和管理体制。让学生了解学校体育的地位和目标，体育教学、体育锻炼、课余训练的原理、原则、方法和学校体育研究的内容。

（四）篮球

这里主要讲授篮球运动的运动规律及其基本理论知识、技能和方法；篮球运动发展的概况、技术、战术、训练、规则，科学研究的方法以及篮球的竞赛和裁判方法。通过学习，使学生具备中学篮球教学和组织课外锻炼、竞赛及场地、器材管理的能力。

二、专业特色课程

（一）裁判训练

运动竞赛的组织与裁判能力是体育专业学生专业能力及水平的重要体现，如何组织竞赛，胜任一名合格的裁判，不管是在学校体育工作中还是在社会体育工作中，都十分重要。结合校内外各项体育赛事，进行理论学习与实践的培训，要求学生至少掌握本人所选的两项专业选修课程项目竞赛规程制定、秩序册编排及裁判工作的方法和能力。

（二）资格证书培训

资格证书培训是应用型人才培养的有效途径，内容包括二级裁判员培训、二级社会指导员培训。其目的是对体育教育专业学生进行素质拓展训练，让学生通过考试获得社会认可的专业资格证书，以适应社会对体育专业人才的要求，拓宽体育教育专业学生的就业渠道。

三、"术科"特色课程与精品课程设置

（一）体育教育专业"术科"解释

高等教育改革的核心目标就是提高人才培养的质量，教学是高等教育的中心工作，因而教学和课程研究成为教育研究领域的两大主题。教学质量的提高受多种因素的影响，而课程是教学的载体。通过课程建设创新课程体系、优化课程环境、加强科学管理，推动教学改革，促进教学质量的提高，进而带动整体课程建设，达到提高人才培养质量的目的。体育教育专业在我国体育专业教育各类专业中一直处于重要地位，肩负着培养各级各类体育师资的重任。"术科"课程反映了体育专业教育的特色和优势，通过对体育教育专业"术科"课程建设基本理论的研究，探索"术科"课程建设的一般规律，构建"术科"课程建设的理论框架，为体育教育专业"术科"课程建设提供参考和理论依据具有十分重要

的现实意义。

1. 体育教育专业"术科"课程概论

研究体育教育专业"术科"课程建设必须先搞清楚"术科"课程的基本问题，包括其产生的历史根源、基本概念、课程特征以及课程结构与类型等问题。

2. "术科"概念

从体育专业课程变革的历史及现状看，"学科"与"术科"问题以及课程综合化问题是当前乃至今后课程改革的两个基本问题。体育学界对"学科"与"术科"的说法虽然已经被认可且深入人心，但是对这种说法的来源以及对二词的出处并无考证。从近现代我国体育课程的起源与发展的轨迹看，"学科"与"术科"的提法是在建立培养体育专门人才的学校后而提出的概念，其含义与当今体育专业教育领域中的"学科"与"术科"的说法一致，其课程设置与目前体育院校的课程设置内容虽有所不同，但性质相同。"学科"与"术科"这种说法与划分，不管是从早期学校体育课程诞生开始，还是21世纪的现在；不管是政府文件还是人们的认识观念，在我国体育教育领域已经成为惯例，得到了认可，且存在一定的合理性和稳固性。"术科"的产生和发展不仅有历史原因，更有其存在的思想基础。纵观我国体育课程的发展和历史背景，竞技体育教育思想和技术教育思想课程观以及各种体育思想的争论是推动"术科"产生、发展的主要思想根源。学科有两层含义，一是学术的分类，二指教学的科目。学科是以探索的对象或领域划分的。而一个学术领域的确定，首先要有自己独特的研究对象，其次要有自己领域的专门术语、概念的理论体系和研究方法。体育学科具备了这些特征也就是第一层意义上的科学学科领域。

体育教育领域所说"学科"与"术科"就是指体育专业教育中的科目，也就是学科的第二层意义。对于"学科"与"术科"含义的理解，体育专业教育界习惯称之为"理论类"与"技术类"课程。体育实践及体育科学技术体系的特点决定了体育专业教育的一些特征，其专业课程体系常被分为两类即是体育专业教育特征的典型表现。国家学位委员会把人文社会学科和运动人体科学科归为"理论类"，而把体育教育训练学科和民族传统体育学科归为"技术类"。

任意选修课分为两类，分别称为"理论学科选修"和"技术学科选修"。理论学科选修包括的课程主要是理论课程；技术学科选修包括的课程主要是运动项组成的课程。一种是将体育专业课程从宏观上分为"理论类课程"和"技术类课程"，简称为"学科"与"术科"。还有一种是认为学科课程就是以理论为主的课程；术科课程就是以实践课程为主或以技能性为主的课程。

所谓的技术学科，是指在体育训练中，区别于各种知识性的科目—学科的各种技术性的科目，学科与术科是共同存在于体育教学训练中的相互对应的教学科目，前者可称为"知识学科"，也即理论学科，后者可称为"技术学科"。

通过上述分析可以看出，对"术科"概念的认识没有统一的定论，但从课程的内容和形式上，大都倾向于以理论类课程和实践类课程为划分标准。体育教育专业的课程体系中课程主要分为专业理论课程、专业技术课程和实践环节课程。将专业理论课程归为一类，而将专业技术课程和实践环节课程归为一类，分别称为"理论类学科"课程和"技术类学科"课程则比较合理。实质上，两者是狭义上的学科（科目），是体育教育专业课程的两类"课程群"。

这里将"术科"界定为"根据体育院系专业教育培养目标和要求，结合体育学科领域不同运动项目的运动技术、技能和知识组织起来的，以实践性课程为主要特征的课程群，称为"技术学科"，简称"术科"。"学科"是根据体育院系专业教育培养目标和要求，结合相关科学学科理论和体育学科理论与方法组织起来的，以理论性课程为主要特征的课程群，称为"理论学科"，简称"学科"。

（二）"术科"课程建设流程

1. 建设形式

国家精品课程建设采用学校先行建设，省、自治区、直辖市择优推荐，教育部组织评审，授予荣誉称号，后补助建设经费的方式进行。精品课程建设主要有两种方式：一是高校自建，二是校企合建。高校自建是通过高校自身投入建设，在获得校级精品课程的基础上，创建省级精品课程，最后创建国家级精品课程。校企合建是教育部为发展信息技术与企业合作共建精品课程的一种独特建设形式，由教育部牵头，企业提供资金和技术，高校具体负责精品课程建设和实施。目前，体育教育专业"术科"课程建设主要是高校自建，也是目前唯一的建设形式。体育教育专业"术科"课程建设形式单一，应当在高校自建的基础上拓展建设形式。比如，高校之间合作共建精品课程，充分利用双方的优势资源，弥补自身不足，创建精品课程；高校与企业、科研院所合作建设精品课程，充分利用企业资金和科研优势开发、创建精品课程。

2. 建设步骤

系统工程作为系统科学中的应用领域是一个多阶段的过程。一般认为系统工程包含以下几个环节：问题的提出—系统分析—系统综合—系统优化—系统决策—系统设计—计划实施—运行阶段—更新阶段。依上述系统论的观点，体育教育专业"术科"课程建设就是一个系统工程，同样由不同的环节所组成。在此基础上，通过文献研究，本文提出了"术科"课程建设的步骤。术科课程建设的六个步骤如下：提出问题—分析论证—课程生成—课程实施—课程评价—课程更新。

第一步，提出问题。主要针对目前开设的"术科"课程提出问题和改革意见，或者面对国家、社会、个人的发展需要提出开发新课程或改良课程要求。第二步，分析论证。针对所提出的问题或建议进行论证和分析，主要是对开发新课程或改良原有课程的可行性和操作性进行论证。第三步，课程生成。这是课程建设的关键环节，不管是开发新课程还是改良旧课程，课程的生成直接影响课程建设的效果。主要包括树立课程创新理念、制定课程目标、编制教学大纲、编写教学文件（进度、教案）、选择或编写教材、选择或组织课程内容等方面。第四步，课程实施。这是将生成的新课程通过在实践中付诸实施并进行检验的过程。主要包括课程实施的教学团队、课程实施的对象（学生）、课程实施的环境与条件以及课程实施中的方法与手段。第五步，课程评价。这是通过定量与定性的方法对新课程建设的情况和效果进行评估和评价，为进一步地改进课程提供依据。主要包括对"术科"课程建设过程的评价以及对"术科"课程建设实施效果的评价。第六步，课程更新。通过前面几个步骤的建设过程，依据评价反馈的信息，对课程进行重新修正和改进，达到创新和改良的目的。

①术科课程建设的步骤是一种适合于体育教育专业"术科"课程建设的普遍方法，主要从微观角度针对一门具体术科课程的开发和改革而言。

②术科课程建设是一个完整的大系统，术科课程建设流程的各个环节中都离不开课程管理制度做保障，并通过反馈系统进行监督、调整。

③术科课程建设流程的核心就是课程生成环节，而课程目标的制定是课程生成环节的核心。课程生成环节中的其他各内容都围绕课程目标而确定。

（三）"术科"精品课程网络体系建设

精品课程建设的目的之一就是通过建设精品课程网络将优质的课程资源上网，利用信息技术和多媒体技术，利用现代化的教育技术，使更多的学校、教师和学生共享优质资源，促进教学质量的提高。经过多年的建设，我国精品课程建设已经形成了国家、地方和学校三级精品课程网络体系。

第一，建立国家精品课程网络体系，教育部建立了高等学校精品课程建设工作网站。网站栏目有新闻动态、政策公告、教指委专栏、地方专栏、学校专栏、校企合作和表格标准。主要发布与高等学校精品课程建设有关的政策、规定、标准、通知等信息，并接受网上申请，开展网上评审、网上公开精品课程等工作。网站建有国家精品课程评审系统和国家精品课程查询系统，评审系统主要功能是进行精品课程申报、专家评审和课程公示平台。查询系统主要提供不同年代、不同级别、不同分类精品课程的检索、查询和展示。国家精品课程网站的建立为精品课程建设提供良好的管理平台，为促进课程的申报、课程资源的展示以及信息传递提供了良好的交流平台。

第二，建立省级精品课程网络体系。根据教育部课程建设精神和要求，各省（自治区、直辖市）教育行政部门建立了省级精品课程网站。不同省、区、市网站栏目的设置有所不同，但大体上都包括新闻动态、通知公告、课程展示、课程申报、学术交流、学校专栏等栏目。省级网站主要是负责省级精品课程的申报和省级精品课程的资源的展示。主要提供了课程申报的各种信息、政策要求，以及展示省级精品课程和查阅。

第三，建立校级精品课程网络体系。全国普通高校按照教育部精品课程网络建设要求，积极投入人力、物力、财力建设精品课程网站。学校精品课程网站的主要功能是展示具体的精品课程，向上级申报精品课程，以及直接为教师和学生提供网络课程资源，包括精品课程制作系统、申报系统、评审系统、课程展示等。课程网页按照教育部文件规定制作栏目，主要包括课程介绍、师资队伍、教学大纲、教学计划、教学方法、教学课件、教案、试题库、习题集、试卷、教学视频、考核办法、教材、参考资料等方面内容。

（四）我国高校体育教育专业"术科"课程建设对策

1. 明确指导思想，树立先进理念

为适应知识经济时代的挑战和未来社会的变化需求，高校体育教育专业的人才培养有必要从社会进步、学科的发展、行业的需求及学生的知识、素质、能力等方面进行考虑。"术科"课程建设应当以科学发展观为指导，坚持"三个面向"的战略方针，转变学科中心思想，树立先进的理念。以适应社会发展为导向，树立"两个坚持、一种理念、一个目的"的指导思想。创建具有体育教育专业特色的"术科"精品课程。体育教育专业"术科"课程建设指导思想：坚持以提高教学质量为中心，加强"术科"课程的改革、创新和整合；坚持以素质教育为根本，强化自主性学习研究性学习、实践性学习和协作性学习；树立以学生为本，全面发展，开拓创新，适应社会的现代教育理念；努力达成培养具有创新精神和实践能力的高素质复合型体育人才的目的。

2. 创新课程体系，实施整体改革

课程体系是体育教育专业"术科"建设的核心，只有创新课程体系，突出课程特色，

才有可能成为优秀课程。只有通过研究国内先进的"术科"精品课程，优化课程结构，充实先进的课程内容，创新教学方法与手段，改革评价模式，从整体构建，才能达到促进"术科"课程建设的目的。

（1）重新定位课程目标

体育教育专业"术科"课程目标设定不能以掌握运动技术、技能为主要目标，更不能以提高运动成绩为目的。应当从学科中心的课程观向整体教育观转变。首先，要根据教育目的和体育教育专业培养目标要求确定课程目标。体育教育专业"术科"课程不仅要使学生掌握运动技术、技能，更重要的是掌握传授技术、技能的"教法"；不仅要掌握各种运动知识和方法，还要提高各种实践能力和创新能力。其次，确定课程目标要考虑学科、社会和学生三者的关系。既要传播体育学科知识，又要考虑社会需要，还要注重学生的全面发展。在对学生的特点、社会的需求以及体育学科的发展等方面进行深入研究的基础上提出。最后，课程目标要考虑认知、情感和能力三个领域。不仅要考虑掌握体育运动技术、技能和运动理论知识，更要考虑通过术科课程的学习达到对学生个性、品质、价值观等情感领域培养的目标。

（2）创编一流的教材和课程内容

①密切结合基础教育改革和全民健身活动创编教材。体育教育专业培养目标之一是培养中小学体育教师，课程内容直接影响到将来从事中小学体育教学人才的知识结构。"术科"课程教材主要以竞技运动项目内容为框架编制，教材内容与基础教育改革和全民健身活动结合不紧密，脱离了学生需要和社会需求。教材应结合课程标准和全民建设活动内容进行改编，融入健身教育和身体锻炼的原理、手段和方法，编制学生喜爱的、对就业有帮助的内容。②吸收新知识、新成果对"术科"课程内容进行整合和扩充。对于"术科"课程内容改革要突破传统运动项目结构体系的局限，敢于打破内容体系，剔除学生厌学的、不适应社会需要的内容，重新生成新体系。其一，扩充新内容。通过加强教材化研究，吸收新兴项目和社会流行体育活动项目，转化为课程内容，适应社会体育活动的需要。鼓励"术科"教师积极深入社会体育实践，收集整理新兴体育项目，如攀岩、户外运动、登山、健身瑜伽等，将其改造成"术科"课程，使"术科"课程体系得到有效的拓展。其二，整合课程内容。通过对同类课程或者同项群课程的整合，优化课程内容，达到创新课程的目的。只有不断加强教材建设，更新课程内容，贯彻创新性、先进性原则，紧跟体育学科发展步伐，才能适应课程改革发展和人才培养的需要。

（3）创新教学方法和手段

①传统教学方法与现代教育理念融合。"术科"课程的传统教学方法主要采用"示

范→讲解→练习"的方法进行实践教学，以教师为中心的教学方法占据主流地位。"术科"课程教学方法应当在传统方法的基础上，融合现代教育理念，向以学生为中心和学教并重的方向发展，注重学生的自主学习、探究学习、合作学习的理念，创新教学方法。在教学实践中改变传统的教学模式，突出"学法"，提倡教学互动、师生互动，并结合多媒体视听手段教学，引导学生学会学习。②运用现代教育技术促进教学方法与手段革新。现代教育技术和信息技术的发展为"术科"课程的教学提供了新的平台，通过运用计算机技术制作教学课件以及多媒体技术制作教学录像，运用计算机技术开发教学软件以及制作网络课程等手段，为"术科"课程的教学方法和手段的创新提供了新的途径。

（4）改革考核评价体系

传统"术科"课程的考核评价体系主要体现甄别功能，注重评价的结果，注重评价运动知识和技术、技能的掌握，而忽略了学习的过程，忽略了对学生掌握方法与手段的评价以及各种实际工作能力的评价。首先，"术科"课程评价应着眼于学生的全面发展的衡量，包括认知、能力和情感三个领域。认知领域评价不仅要考查学生掌握"三基"情况，还应考察对各种方法和手段的掌握。能力领域评价要考查学生各种实践操作能力和应用能力。情感领域要考查学生个性心理品质、情感态度、价值观等。其次，"术科"课程评价应注意终结性评价与过程评价相结合，定性评价与定量评价相结合，整体评价与个体评价相结合，运用多种评价方法综合评价。最后，"术科"课程评价主体应当多元化。不仅有任课教师实施评价，还应当有学生评价、管理人员评价、同行评价、社会评价。

3. 提高综合素质，锻造师资队伍

师资队伍是"术科"精品课程建设的瓶颈，通过自身培养、人才引进以及合作共享教师资源是加强师资力量的有力办法。

（1）培养教学名师，引进学科带头人，打造一流的教学团队

首先，加强自身"造血"功能，培育高职称、高学历人才，培养教学名师担任"术科"精品课程建设的负责人，整合教师资源，配置合理的年龄、知识结构和数量的人员，组成教学团队。其次，通过引进人才、特聘教授等措施，提高师资队伍力量，加强教学团队建设。最后，通过合作共建精品课程，共享优秀教师资源。比如，通过校际的合作，将同类术科课程教师资源优化整合，共同创建"术科"精品课程，解决优秀教师资源缺乏问题。

（2）加强教师继续教育，提高综合素质

培育创新型教师综合素质对术科课程建设影响较大，其中教师的教学理念和教学水平影响最大，直接影响到术科课程的教学质量。教师的科研能力、知识结构、职业精神和重

视程度直接影响到课程建设的实施效果。首先，通过对教师在职进修和培训，提高教师综合素质。比如，通过教师自学、函授学习、短期培训、学历进修等形式提高综合素质。其次，通过各种学术活动提高教师能力，培养创新型教师。比如，通过学习各种规章制度和政策，转变思想，提高认识；通过参加学术活动和参与科学研究提高教师的科研能力和创新能力；通过开展教研活动加强专业知识的学习，改善知识结构，提高业务水平，等等。

4. 优化课程环境，加强网络建设

随着现代科学技术和全球化网络的发展，利用信息技术和网络技术改善教学环境，利用网络资源扩大教学资源的信息量，利用网络传播改变知识获得的方式和交流方式，是现代教育发展的趋向，也是课程建设的努力方向。

（1）加强课程环境建设，改善教学条件，营造良好的实践教学环境和网络教学环境

第一，优化实践教学环境。"术科"课程的物质环境建设主要是实践教学环境的建设，实践教学环境是"术科"课程实施教学活动的外部环境和必备条件，主要由多种教学设施组成，包括运动场地、各类场馆、运动器械、器材以及各种教学辅助设备等。对实践教学环境的建设应当有制度、有规划、有监督，做到有计划地投入经费。第二，优化网络教学环境。网络教学环境建设主要指网络教学平台的建设，包括多媒体教室和网站（网页）的建设。充分利用多媒体教室资源不仅要能够进行术科课程的理论教学，还要利用计算机技术进行术科技、战术教学演示和分析等。通过建设术科课程网站（网页）把优质的术科课程资源共享，辅助术科课程教学和学生课外学习，促进学生的自主学习和课外交流，促进教学质量的提高。

（2）加强网络建设投入和管理力度，提高网络建设质量

第一，提高教学课件和录像质量。比如，制作高质量的 PPT 课件、Flash 动画、CAI 教学软件。另外，通过多种途径制作教学录像，提高质量。许多高校困于建设经费紧张，网页的设计、制作以及教学课件、视频的制作主要依赖学校和教师，甚至靠学生来制作，这也是网络建设较差的原因之一。利用专业公司的技术手段与教师和学校相结合是提高网络建设水平的重要途径。第二，加强网络建设监督，及时维护、更新。网页打不开以及长期缺乏维护和更新是影响学生浏览率低的重要原因，通过监督、检查和激励与处罚机制对网络建设规划的落实进行管理，如实行年度中期检查和年终评价制度。第三，加强网站动态设计，建立互动式网站，设置即时交流系统，增加互动功能。比如，在网站设置 BBS 教学论坛，在线实时讨论；设置在线测试、网络答疑、E-mail 信箱等栏目，在固定时间或非固定时间，由不同课程教师与学生在线交流，加强交流和讨论。第四，加强网络建设经费管理，保障网络建设专项经费投入，由学校和项目责任人共同管理，定期对网络建设和维

护状况进行监督、检查，责任到人。建立奖励和处罚机制，根据网络建设情况和验收结果，分批分期拨付经费。

5. 加强政策扶持，推动课程建设

（1）转变思想，重视"术科"精品课程建设

学校各级领导应当转变观念，提高对"术科"课程建设的认识，支持"术科"精品课程建设。另外，通过采取相关措施鼓励教师积极参与"术科"精品课程建设，为教师投入精品课程建设创造有利条件，激励教师在精品课程建设中得到自身的发展和自我价值的实现。

（2）制定合理的激励政策

将精品课程建设工作与教学和科研同等对待。精品课程建设工作与教学和科研工作不同，由于精品课程建设工作时间不定，工作量大，成效慢，效果不明显，且考核不能与教学和科研同等，致使教师投入精力不足。因此，制定相应的精品课程建设工作考核标准，将精品课程建设日常工作细化，并计算工作量。制定政策将精品课程工作成果与教师评先、晋职、晋级挂钩，是促进"术科"精品课程建设的重要措施。

（3）制定合理的经费政策

首先，加强精品课程前期开发建设经费投入。由于精品课程建设前期在课程设计、论证、开发方面，教材编写与图书资料购置方面，以及教学软件开发、网页制作、课件制作、视频拍摄等方面都需要投入大量的人力、物力和财力，仅靠教师个人和部门投入不能满足需要，因此学校可以立项的形式，在经过充分论证可行性的情况下，提供精品课程建设启动经费，扶持精品课程的开发和建设。其次，加强精品课程持续建设经费的投入。在精品课程建设建成后，一方面课程资源的再开发、网页更新和维护、教学环境的改善等方面需要经费支持；另一方面由校级精品课程向省级和国家级精品课程目标建设需要经费支持。因此，学校应出台相关政策，结合不同级别精品课程给予配套经费，通过精品课程建设效果，进行年度或学期考核评估。

（4）制定合理的用人政策

"术科"精品课程建设不仅需要一流的教学团队，更需要教学管理人员的参与和教辅人员的协助。通过制定相关政策，合理地调配人员，提高服务质量，为"术科"课程建设的顺利实施提供有力保障。因此，制定合理的课程建设政策，建立有效的管理机制，合理调配人员，构建包括教学人员和管理人员的课程建设团队，明确权利、责任和义务，发挥教师、管理者各方人才优势，积极参与"术科"课程建设，才能促进"术科"课程出精品、上档次。

6. 拓展建设途径，推进辐射共享

课程建设的目标不仅要建设一流的课程——精品课程，更重要的是优质课程的推广和应用——精品课程辐射共享。精品课程的辐射推广是课程建设的重要组成部分，通过推广精品课程，促进优质资源共享，带动课程建设。在推广过程中，不断改进课程，更新课程，促进课程建设的可持续发展。

目前，国家精品课程建设主要采用学校先行建设、省区市择优推荐、教育部组织评审、授予荣誉称号、后补助建设经费的方式进行。这种方式有一定的弊端，对此我们应当改变课程建设方式，拓展"术科"课程建设途径，整合各方资源，创建"术科"精品课程，促进"术科"课程的可持续发展。

①高校自建。我国地域辽阔，高校分布广泛，具有浓厚的地方民族体育特色，体育教育专业"术科"课程建设应当充分挖掘地方体育资源，立足于开发具有地方体育特色的"术科"校本课程，既节约了资源，又突出了课程特色；既满足学生需要和兴趣，又适应社会体育活动的需求和基础教育体育课程改革。

②校际合建。由于高校扩招带来了高校资源的紧张，不仅存在教学资源、师资力量的紧张，还存在教育经费和教学条件的紧张。通过高校之间的合作，有利于资源互补，加强师资队伍力量，共享优质资源；通过强强联合，有助于开发优质资源，创建优质课程；通过强弱联合，有助于带动课程建设薄弱高校发展；通过跨地区合作，有利于整合地方资源，开发精品课程；通过东西部合作，有利于促进西部高校推动精品课程的建设。

③校企共建由于建设经费的制约和科研力量不足，限制了"术科"精品课程建设的发展，影响了精品课程建设的质量和效果。通过高校与企业和科研院所联合共建精品课程，利用企业的资金投入和科研机构的研究能力，既解决了资金问题又加强了课程创新力度，同时通过高校课程建设的后期效应，为企业和科研机构增加经济效益和社会效益，使高校与企业、科研机构互利互惠，达到了共享共赢的目的。

在体育教育专业"术科"课程建设中，应当明确指导思想，树立先进的理念，以一流的教学团队对课程体系的各要素进行系统性的整体建设。加强政策扶持和经费投入，重视网络建设，拓展建设途径，推动精品课程优质资源的辐射共享，保持"术科"课程建设的可持续发展。

第四节 体育教育专业教材改革与建设

一、大学体育教材特征

（一）体育教材的知识性与技能性

体育教材包括体育运动技能体系和体育运动技能体系两方面内容。由此可知，体育教材最重要的两个特性就是其技能性和知识性。在技能性方面，体育教材的内容载体应具备为学生掌握运动技能提供指导的功能，包括体育运动项目练习方法、竞赛活动方法、动作方法等内容。在知识性方面，体育教材应具备为学生了解健康生活、体育科学指导的功能，包括体育与健康等方面的具体内容。需要注意的是，体育教材的知识性与技能性要有联合性的体现，形成完整体系。

（二）体育教材的健身性与综合性

健康第一是我国的体育课程开展的重要原则。因此，体育教材应具备一种重要特性就是其健身性。教材内容应能够体现出传授健康知识与技能的理念思想。同时，体育课程的综合性决定了其教材的多元化，目标应遵循运动技能、心理健康、运动参与、身体健康、社会适应五方面内容。

（三）体育教材的阶段性与连续性

对于大学一年级到四年级的学生而言，其身心需求与认知需求等方面都各具特点。大学体育教材需要能够满足不同年龄段学生的发展需求和阶段特征。基于此，体育教材需要具备阶段性的特征。此外，由于体育课程在学生的学习生涯中并不间断，所以大学体育教材应具备一定的连续性，注重与中小学课程内容的衔接。这有利于大学体育课程学习的系统性和递进性，帮助学生形成终身体育的理念。

二、体育教育专业教材改革与建设的意识观念

（一）体育教育专业教材改革与建设必须牢固树立目标意识

普通高校体育教育专业教材建设质量是实现人才培养目标的重要保证。目标意识即教

材的改革、编写和选用要紧密围绕人才培养目标培养 21 世纪具有创新意识和精神的"复合型体育教育人才",不仅对教育、教学的各个方面提出了很高要求,也蕴含着对教材建设质量的高要求。教材改革与指导思想就是要不断适应社会发展的需求,不断提高教材质量,为人才培养服务。教材建设质量制约着人才培养的质量,因此教材不仅要具有很强的实用性,还要体现科学性、新颖性和系统性,具有很高的教育、教学价值。教材也是直接联结教师与学生的桥梁,作为含有各种信息和知识的载体,展现在教师与学生面前,为教师教学范围和深度提供基本依据,为学生学习提供基本内容和信息含量,使之更好地为培养目标服务。

(二)体育教育专业教材改革与建设必须牢固树立更新意识和创新意识

更新意识即加快教材的更新换代,缩短教材的建设周期,不断充实教材的新内容,努力保持教学内容的基础性、先进性和前沿性。

现代社会已进入科学知识高度分化与高度综合的时代,各种知识相互渗透、交叉和融合,不断地创建出适应现代社会发展需要的新兴学科。体育学科也是如此,在现代社会发展的大背景下,从自身快速发展过程中,创建出了一些体育新兴学科,如体育产业学、体育休闲学、体育经济学等,为体育教育专业培养"宽口径、厚基础"人才而服务。广大教师和科研人员要主动积极地开采,进行有目标的探索与研究,逐步设计和形成创编新学科教材的思路、指导思想、框架体例、内容体系等,加强新学科知识的总结、归纳、梳理、重组和整合,不断充实、丰富新学科的理论与方法,创编出高质量的新学科教材。

(三)体育教育专业教材改革与建设必须强化多样化意识

积极建设体育教育专业多种教材是丰富教学内容、提高学生综合素质的一项有力措施,有利于学生更好地理解、掌握基本教材的内容,为学习中的解题、解惑、解难提供更简洁明了的回答,为提高教学质量创造条件。多样化教材不仅为教师备课提供选择,有利于丰富教学内容,拓宽学生的知识面,还可以提高学生学习的主动性和积极性,培养学生自主学习的习惯和相关研究能力,有利于促进学生对体育知识的摄取、消化、转化和实际应用,培养学生综合运用知识的能力以及创新思维和精神。教材改革与建设必须强化多样化意识,即形成文字教材、电子教材、辅助教材和参考资料相配套的教学用书和教学软件,并紧密衔接、兼容基本教材的重点、难点内容,以适应现代化教学的需要,使多样化教材在深化教学改革、提高教学质量、培养学生综合素质中发挥重要的作用。

三、把握体育教育专业教材改革发展趋向

把握体育教育专业教材改革发展趋向，能够更好地明确教材改革与建设的思路。当前，体育教育专业教材改革发展趋向主要表现在以下三个方面。

（一）朝着多元化方向发展

体育教育专业的教材改革，首先表现在契合现代社会发展需要而朝着多元化方向发展，由原来的文字教材建设逐渐发展为文字教材、电子教材、网络课件等相配套的建设。注重字、像、声、图并茂，达到组合优化，进一步提高教材的全面功能以及可读性、可看性和参考性等，从而促进教材的全方位服务，充分发挥教材多元化的教育功能。

（二）朝着不断创建新学科教材方向发展

为了人才培养和组织教学的需要，为了及时介绍、推广多学科知识经渗透、交叉、融合而成的新知识以及新知识在体育教育领域中的运用，有关专家、学者勇于探索，大量开拓原始性创新，努力创建各种体育新学科和创编各种体育新学科的教材，供学生学习与参考，开阔新知识视野，这也是教材改革建设一个重要的发展方向。21世纪信息发展非常之快，信息淘汰与更新的周期大大缩短，大量新信息的产生积极地促进着人的思想观念、思维模式、知识结构、能力结构乃至精神与人格诸方面的变化，由此使人的综合素质与能力不断得到提高。同时，体育教育专业各学科知识的综合性得到了加强，并与其他学科知识相互渗透、交叉、融通，在实践中各种知识的碰撞会产生许多新的体育现象，亟须运用体育理论知识加以解释与指导。社会发展是创新教育的推动力，而创编各种体育新学科的教材是不断促进创新教育开展的重要部分，是人才培养"面向现代化、面向世界、面向未来"的需要。

（三）朝着体育人文社会科学方向发展

分析新《课程方案》的培养目标，可以发现体育人文社会学科知识的教育占有重要位置，如学校体育管理和社会体育指导等，必须培养学生掌握一定的体育人文社会学科知识才能胜任今后的工作。鉴于此，大量的人文社会科学知识会不断被借鉴、移植、渗透和运用到体育教育中来，从而促进体育人文社会学科的建设与发展，并创建体育人文社会学类的新学科和创编相关的教材，为达成培养目标服务。人文社会学科的研究主要涉及"人—社会"方面，而体育学科的研究则主要与"体育—人—社会"有关，其知识底蕴容易相

通，相互之间易渗透、交叉和融合，创建出各种体育人文社会学类新学科。因此，体育学科与人文社会学科之间不存在"壕沟"，仅仅是一个"门槛"而已，只要努力学习、深入研究就可以使其为体育所用。随着社会体育事业的快速发展，对社会体育指导工作的要求越来越高，只有掌握大量的科学理论知识才能更好地指导实践，促进社会体育事业蓬勃发展。因此，体育教育专业教材改革与建设会快速地朝体育人文社会科学方向发展，架起社会体育理论与实践的桥梁。

四、编写体育教育专业教材应遵循的基本原则

在编写体育教育专业教材时，确定并遵循相关的基本原则至关重要，遵循这些原则是提高教材建设质量的必要保证。

（一）实用性原则

编写教材要先贯彻实用性原则，这是"教与用"、"学与用"、理论与实践紧密结合的具体体现。在选择与创编教材内容时，"实用性"要立足于契合现代社会快速发展的需要和适应基础教育改革以及"体育与健康"课程教学的需要。在现有不多的教学时数内，选择最具运用价值、最新研究且实用价值高的理论、方法、技术和技能等，使编写的教材具有很高的实用性，学生能学以致用，紧密联系实际，解决实际问题，提高实际工作能力。

（二）科学性原则

遵循科学性原则，主要体现在所编写的教材要符合教学对象的实际，符合学生的知识水平、认知规律、身心发展规律等，使教材的教育作用能促进学生形成合理的知识结构，潜力得到开发与利用，综合能力和整体素质得到全面发展与提高。

（三）新颖性原则

编写教材要不断更新内容，突出新颖性原则。如果教材内容陈旧，落后于时代的发展，就会造成学生学得无用，教师教得无意义，得不偿失，事倍功半。编写教材不仅要选择最新的知识，还要对原有的知识加以改造、转化、组合等，形成新的理论体系和方法体系，使教师教有味道，学生学有兴趣。编写教材除注重内容新颖外，还要重视教材版式的创新，加强配套教材的建设，从而全面体现新颖性原则。

（四）系统性原则

考虑系统性是编写教材的重要原则。一本教材代表着一门课程较为完整的教学体系，

尽管课程不能等同于学科，但在教材中应有其自身的基本概念、理论体系和方法体系等，虽自成体系，但相互联系，紧密结合。只有充分考虑系统性原则，系统构建教材编写内容框架，才能使学生掌握一门课程的完整知识，而非零星散乱、缺乏内在紧密联系、难以运用理论指导实践的知识。在贯彻系统性原则的同时，一定要避免相关课程教材在内容上的重复。当前，相关教材内容重复的问题比较突出，应深入研讨与探索，加强相关课程知识内容的梳理、整合与归属，科学构建每门课程教材的知识体系，使之自成系统。

（五）精练性原则

教材是一门课程教学内容的综合体现，体育教育专业课程教学内容源于课程相对应的学科的部分知识，但绝不是全部知识。随着学科的不断建设、壮大、成熟与发展，其知识体系会越来越丰富，而专业教学计划对课程教学时数控制得非常严格，要求在规定的学时数内完成课程教学任务。教材内容的选择也受到教学时数的制约，精选教材内容、体现精练性是编写教材应遵循的重要原则。根据培养目标和规格，依据教学任务与学时数，既要精选教材内容，把握学科内在的知识体系，把握现代社会发展的需要，把最具代表性的知识点、知识面和先进的方法、手段精选入教材，又要加强教材体例结构、文句等的精练性，才能编写出一本好的教材。

（六）发展性原则

编写教材应充分考虑发展性原则。体育教育专业学生培养要"面向现代化、面向世界、面向未来"，教材改革与建设也要体现"三个面向"的精神。因此，教材建设要体现一定的前瞻性，契合现代社会发展的进程。同时，贯彻发展性原则还应从学科自身不断发展、前沿知识不断涌现、发挥教材对学生潜在发展性的促进作用等方面考虑，把握好教材改革与建设的思路。

五、我国大学体育教材优化策略

（一）理论课教材优化

一般而言，体育理论教材主要以教室作为教学场所，在利用现代信息技术手段方面具备更多的便利性。在理论课教材优化方面，教师应注重体现体育理论教学难点、重点内容，并与课程教学模式相融合。在新时期的理论课教材呈现方式上，教师需要根据以下几方面来优化理论课教材。

第一，自制软件形式。根据现阶段，体育技能项目的运动轨迹与技术特征，教师可运用多媒体技术来丰富体育教材的内容体现，利用PPT、微课制作等技术，转变传统的单调理论教学模式，创造出图文并茂的体育理论教材，这样不仅可以提高教学效率，还可以提升学生对体育课程的兴趣。

第二，多媒体课件的形式。文本、图像、声音、视频等多媒体课件是纸质体育理论教材的延伸，在体育理论教材内容与表现形式方面具有很多优势。随着互联网技术的发展，体育教材不再局限于课本知识，而是趋向于多信息通道融合，这有利于满足体育教学的现实需求，便于学生理解。

（二）大学实践课教材优化

现阶段，衔接学校与社会的重要内容之一就是以能力与习惯为导向来实现大学实践课教材的优化，这对帮助大学生养成终身体育意识有重要作用。相比于一般教学课程，在模仿性、形象性、直观性等方面体育实践教学都有更加明显的特征。在体育实践课教学中，很多课堂时间是用来进行学生自主练习与教师示范讲解的。大部分实践课需要在运动场所展开，其教材数字化课时比重在10%左右。基于此，除了战术学习与运动项目技术，实践课程的内容并非所有实践教学内容都适合进行数字化整合，还包括身体素质的锻炼。相关人员在编写大学体育教材时，需要使之符合大学生行为习惯和思维特点，满足经济社会发展的需要，使教材可以有助于学生养成体育锻炼的习惯，掌握两三项终身受用的技能。

（三）注重体育教材的多维度发展

在实践中，由于大学生身心发育相对成熟，所以相比于中学课程，大学体育教材需要在中学课程教材的基础上加大内容的广度与深度。在大学体育教材编写过程中，相关人员要从以下两个方面来体现其科学性：第一，训练大学生运动技能方面。教材不仅要能够全面讲解体育技能，还应该从运动生理学、锻炼心理学、运动解剖学等不同角度来诠释体育技能的内在价值。第二，培养大学生体育锻炼的习惯与能力方面。为了为大学生的终身体育打下坚实的基础，让他们更好地认识到体育锻炼的重要价值，教师要从大学生成长、成才与工作和生活方面来综合性分析大学体育教材。

第五章　高校体育文化

第一节　校园体育文化的理论

一、校园体育文化的概念与功能

（一）校园体育文化的概念

校园体育文化是校园文化和体育文化两者相互影响、融合、渗透、促进而发展起来的，是在一定的社会政治、经济、文化、教育、体育等条件的依托下，由学校广大师生在实践过程中共同创造的体育精神和财富的总和。校园体育文化有着深刻的内涵和丰富的外延。首先，它与校园德育文化、智育文化、美育文化等一起构成了校园文化群；其次，它又与竞技体育、群众体育等共同组成了广大的体育文化群。从广义上讲，校园体育文化是学校广大师生员工在学校现存的环境中，在学校体育教育、学习和活动等过程中创造出来的物质与精神的所有内容。从狭义上说，校园体育文化是指在学校教学环境下，以学生为主体，以教师为主导，在各种体育活动的相互作用中创造出来的学校文化形态之一，包括体育精神、体育的价值观念、体育道德和体育能力，是学校这一特殊社区的体育群体意识。学校体育文化是一个内涵广泛、系统开放的文化形式。这个系统大致可以分为三个层面：第一层是精神层面，居于主导地位，其中体育健康价值观是学校体育文化的本质和核心，决定了它的目标；第二层是制度、方法层面，这个层面既是学校体育的组织形式，也是学校体育意识的体现，包括体育教学、课余体育活动、体育科学研究、体育竞赛、体育协会、体育交流等全方位制度、方法的确立；第三层是物质层面，是学校体育文化的基础，也是客观物质保障，包括校园的体育建筑、环境、场地、器材、用品和师资队伍等。

以上三个层面在校园体育文化建设过程中，应当在"以人为本"的基础上获得协调发展。

（二）校园体育文化的功能

1. 教育熏陶，促进身心全面发展

文化环境是一个使人不断地接受新文化滋养、熏陶的园地。校园体育文化是存在于学校这一特定环境中的体育文化形态。学校的体育教师是拥有专门体育知识的人才，人类创造的体育文化以系统的知识形态经教师的传授，给学生们以滋养，使他们掌握体育知识，认识体育的价值，逐渐地成熟起来。同时，文化是一种超个体的社会存在，它不以人的产生而产生。从个人的角度看，文化首先是作为一种生活环境而先于个人存在的，人受其影响得到发展，通过从文化环境中吸取营养，潜移默化，接受熏陶，不断地追求培养人的可能和界限，促使人从"自然"到"文化"，从"现实"到"理想"的转变。

2. 强身愉情，增进人们身心健康

世界卫生组织（WHO）提出了"健康应是在精神上、身体上以及社会上保持健全的状态"的现代健康新概念，阐明了人的健康应包括身体和精神两个方面。身体健康包括良好的发育、正常的生理机能及承担负荷的适宜反应。校园体育文化中的行为文化就是以身体运动为基本的表现形式，由它所构成的体育锻炼过程，给予人体各器官系统以一定的强度和量的刺激，使机体在形态结构、生理机能等方面发生一系列适应性反应，从而对机体产生积极的影响并能有效地促进人们的身体健康。校园体育文化中的意识、行为、物质三个文化部分均能有助于人们的心理调节，满足师生员工对精神文化生活的需要。通过各种体育手段和方法，可以锻炼意志品质，催人奋发进取，培养集体观念，加强组织纪律，协调人际关系，消除精神烦恼，给人带来欢愉，使人的身心得到和谐、健康的发展。

二、校园体育文化的意义

校园文化是学校组织在教育管理过程中营造的具有各自特色的文化意识，包括学校的发展目标、价值观念、风格特点、传统习惯和规章制度等在内的有机整体。在校园文化建设中，从多元化入手，立足于现实建设，着眼于长远发展，开展校园体育活动，使校园文化建设活动寓乐、美、学、文于一切健康有益的社会活动之中。用现代体育思想促进校园文化建设，以健全的组织文化构建凝聚群体意志和力量的团队精神，这对组织成员的创造力、凝聚力，组织效率的提高及组织目标的实现有着广泛深刻的影响和积极的作用。

（一）校园文化的特点

1. 校园文化的整体性特点

就体育文化而言，它不是对单一的文化活动的概括和描述，而是以深邃的大学传统为底蕴，以先进的大学精神为理想，通过校风、学风等校园精神层面而弥漫在每个学生心中的群体文化。在高校任何一种校园文化传播中，从精神理念的设计到具体部门的实施，都需要教学、科研、管理、后勤等各部门的密切配合、群体协调。

2. 校园文化的实践性特点

校园文化既是一种文化理想，又是一个实践过程。不管是从学校层面、管理层面、教师教育层面还是学生层面，都存在继承、发扬、修正、完善的过程，也称为"一个系统工程"。体育文化的凝练和形成同样需要有针对性的工作部署与实践活动来实践、传播、运用与推广。

3. 校园文化的主体性特点

校园文化的主体是指与客体对象相对应的校园文化建设的承担者、执行者和受益者，包括学生、教师、管理人员等全部的校园人。课堂教学、课外活动、学术论坛、社团组织的各类活动、媒介宣传引导、各类的竞赛活动等，都需要学校教师及学生的主观能动意识得以充分发挥，共同建设美好精神家园。

（二）校园体育文化在校园文化建设中的作用

体育运动既是体育文化发展的载体，也是一种社会文化需要。作为文化现象，体育有很强的教育功能，在校园文化建设中具有不可替代的特殊作用。

1. 高校体育具有教育效能，在校园文化建设中育德于乐

具思想性、学习性的体育活动是校园文化中一种无形的精神力量，能在体育活动和体育锻炼的过程中培养人、教育人、改造人，从而潜移默化地熏陶、感染每个校园人；也加速校园人在政治素质、价值取向、知识技能、人格心理等方面的社会化进程，使学生在不同程度上产生完善自我、发展自我的心理需要，有效抑制与大学生要求不相符的思想和行为。高校体育文化以其广泛的群众基础、突出的德育功能，提高了校园人热爱美、鉴赏美和表达美的能力，使高校形成具有鲜明特点的校园文化。

2. 高校体育具有凝聚效能，在校园文化建设中寓教于乐

青年学生是祖国的栋梁，必须引导青年学生努力拼搏、刻苦成才，发挥凝聚力和战斗

堡垒作用。体育活动中的竞技运动正好凸显了为集体拼搏的竞争精神，是沟通感情的桥梁，是增进友谊的纽带，是凝聚人心、增进团结的法宝。实践证明，高校体育作为校园文化的一部分，激发人们产生认同感、使命感、自豪感和归属感，合成巨大的内聚力，将个体目标整合为学校的总体目标。

3. 高校体育具有激励效能，在校园文化建设中寓志于乐

开展积极向上的体育活动能够强有力地调动校园人的积极性、主动性和创造性，从而产生一种巨大的鼓舞人心的精神力量，形成学校活力。校园文化工作离开了体育工作就缺乏应有的生机和活力。我们在抓好教学与科研的同时，要注重与有效的体育活动相配合，鼓舞斗志，培养集体荣誉感。

4. 高校体育具有传播导向效能，在校园文化建设中寓智于乐

学生在运动场中最容易传递真情实感，最容易赢得同场竞技者的喜爱和尊重，也最容易得到战友般的信任，并在"是对手更是朋友"的轻松氛围建立新友谊。在运动中，校园人学到如何尊重自己和他人，如何实现合作，如何把握适度忍让和情感表达，学会做人、学会学习、学会做事，具有传播导向效能。高校体育活动能陶冶、感染、规范学生，为个体行为提供价值参考，使个体自觉地把组织目标视为自己的行为目标。

（三）发展校园体育文化应采取的措施

1. 要树立科学的校园体育文化观

校园体育文化观是个人或社会对体育存在的意义和价值的认识或看法，可以说，校园体育文化观念的方向决定了校园体育文化的发展方向。校园体育文化的参与者应具备如下的校园体育文化观：校园体育文化是学校文化的重要组成部分，体育锻炼是科学、文明、健康的生活方式，应成为学校师生生活中不可缺少的内容。师生生活中不能缺少体育，娱乐中离不开体育，健美中更需要体育，体育是竞争、完善个性、体现人的价值的重要途径，也是强身健体、缓解学习疲劳和工作压力的重要手段。

2. 要转变教育思想和教育观念

教育思想和教育观念的转变是校园体育文化建设的关键。教育目标、培养模式、体育课程设置、教学内容等各方面在深层次上无不受到教育思想、教育观念的支配和指导。要用新的思维、新的标准、新的目标去组建新的大学体育教育体系，塑造新的大学体育教育模式。在体育教学过程中，应强调技能与文化的自然渗透与融合。一方面，在教学中要加强对学生体育意识和健康意识的教育，培养学生自觉参与体育锻炼的兴趣和习惯；另一方

面，要把当前体育教育与终身体育教育有机地联系起来，使学生树立终身体育的意识。

3. 加强校园体育文化制度建设

校园体育文化制度是学校根据自身的特点，制定的包括学校颁布实施的涉及体育教学管理、运动竞赛管理、体育社团管理等各方面的规章制度。在加强校园体育文化制度建设时，要积极吸收学生的建议，使校园体育文化制度能够符合本校学生的实际状况，更大程度上激起学生共同建设校园体育文化的兴趣。

4. 加强课余体育俱乐部和运动队建设

成功的俱乐部及有特色的运动队对校园体育文化建设具有举足轻重的作用，常常会对师生员工产生巨大的凝聚力。

5. 实施"主体性教育"，改变以往由学校主导并控制的校园体育文化

在校园体育文化的建设中，要充分提高学生的自主性、主动性和创造性，使校园体育文化成为学生自己的体育文化。

三、我国校园体育文化存在的对策研究

在素质教育发展的新阶段，我国高校均进行了独具特色的大学体育课堂教学活动，在课堂上，教师与学生之间通力合作，基本上已摆脱了传统教学模式的束缚与影响，在提高和锻炼大学生身体素质的同时，着力摆脱陈旧的教学模式对大学生身体素质的束缚，提升高校学生的体育文化素养，在体育教学中培养学生正确的情感、态度和价值观，促进身心全面、协调、健康发展。

（一）高校体育教学中体育文化的传承

1. 转变教学观念，全面提高大学生的体育文化素养

体育文化素养就是指人们平时所习得的体育知识、技能，借此而形成的正确的体育认识、价值观，以及正确的待人处世态度和方式等的复合性整体。学生体育文化素养由体育知识、体育意识、体育技能、体育个性、体育道德、体育行为等六个方面的要素组成。体育知识是基础，体育意识是动力，体育技能是重点，体育个性是关键，体育道德是灵魂，体育行为是目标，高校体育要从"育体"向"育人"方向转变，从单纯追求学生外在的技术水平和身体素质转变到追求学生的身体全面协调发展上，即打破以往的以运动技术传授为主线的教学体系，建立起以合理的运动实践为手段，传授体育文化，培养学生终身从事体育健身的意识、能力及坚持体育锻炼的意志品质的统一协调发展的教学新体系，为学

生终身从事体育健身锻炼打下良好的基础。

2. 加强校园体育文化环境建设

在学生体育意识、体育价值观的形成过程中，文化环境的影响具有极为重要的作用。学校可在运动场地、区域上与该运动项目相关的宣传牌，包括该运动项目的中英文名、项目的简介、技术要领、锻炼作用以及注意点等。体育馆门厅两侧可布置上制作精美的健身、宣传长廊，包括锻炼对身心的影响、合理营养、准备活动的要求和功能、各年龄段身体形态的正常值等内容，墙上还可布置上名人谈健身和体育的格言等。

3. 在体育教育模式中传承体育文化

（1）改革课外体育活动

首先，必须明确课外体育活动是体育课的延续和有效补充。课外体育活动必须有明确目的地给予辅导。既要让学生对课堂上的理论技术得到充分实践，又要使学生获得必要的运动快感，还要与学生良好的运动习惯养成联系起来。其次，课外体育活动的形式可以多种多样。它可以是俱乐部的形式，也可以是学生的体育组织，如各类体育协会和社团组织等。还可以是体育知识专题讲座等，因为体育本身就是异彩纷呈的，所以活动形式也应当是缤纷多姿的。

（2）改革课堂体育教学

要提高学生的体育文化水平，必须营造轻松、活泼、欢乐的学习氛围，让学生在快乐地学习与锻炼中体验体育的乐趣，学会用运动锻炼身体，增强体质。在教学组织上，以"活泼、自由、愉快"为主调。主张严密的课堂纪律与生动活泼的教学氛围相结合，强调信息的多向交流与教学环境的优化。要克服教学组织形式竞技化的倾向。教师向学生传递的应当是体育文化，而非单纯的竞技运动训练，应向学生重点传授体育锻炼的方法和如何培养良好的运动习惯等，为学生的终身体育打好基础。因此，现代体育教学方法应当是：完整系统的理论文化、知识传授与愉悦深刻的运动体验相结合；课堂教学与课外活动相结合，显性课程与隐性教育相结合，多管齐下散发渗透、深刻影响，使学生的身心内外均能得到变化与提高。

4. 举办体育文化艺术节，加强体育文化之间的相互交流

在举办体育文化艺术节时，其主要内容就以体育和健康为主，并将全校的师生看作参与主体，在融入一些竞技体育还有健身体育以及娱乐体育的同时，加入一些文化元素。应该说通过这种方式不仅能够进一步地增加学生进行体育锻炼的时间，而且还丰富了其相应的内容及其实现形式，进而让学生都能更多、更好地融入体育活动中来，真正意义上实现

集健身性以及娱乐性和教学性等于一体。并能在调动学生自身积极性的同时，培养学生的自身兴趣以及自我个性。另外，通过这种方法也能有效地增强学生的体育意识，为学生提供了一个能随时展现自己技艺以及才华的舞台。近年来，我国部分高等院校开展和组织了一些体育文化节，不仅加强了学生同教师之间的体育交流，同时也有效地传播了体育价值观念，从而有效地激发了学生自身的体育兴趣。还有各大高校通过合理利用现阶段的体育资源，组织以及承办了各种相关的体育赛事，进而使得校园里的学生焕发了属于自己的那份青春，激涌出了那些令我们振奋的希望，并在丰富大学校园文化生活的同时，也进一步地促进和推动了体育文化的建设。

5. 成立相应的体育俱乐部，并加大宣传力度

应该说，成立体育俱乐部，能够增强和提高学生自身的组织能力以及领导能力和社交能力。此外还能在培养学生自身体育精神的同时，增强体育教学自身的延伸性以及连续性。在成立体育俱乐部的过程中，还需要相关校领导加强重视，并倡导和调动学生们积极有效地参与进来。进而在体育俱乐部开展过程中，能够在丰富体育文化自身内涵的同时，也能有效地拓宽学生自身的认知视野以及实践范围，从而促进校园文化部的整体发展。当然在开展体育教学的过程中，还需要我们不断地加强对体育文化的宣传力度，以调动学生参加体育活动的主动性以及积极性。例如，使用报刊或者橱窗来多做一些宣传海报；定期或者是不定期地进行宣传，从而在校园中努力地形成一种轻松、和谐的文化氛围；利用当前的互联网络来制作一些课件，并放到校园内部的局域网中，以方便学生浏览。这样就能在调动学生自身积极性的同时，有效地增强他们内心的体育意识。

6. 对教学管理理念进行不断优化和改进，并不断地创新教材体系

在当前的一些高校体育教学过程中，为了保证校园体育文化能够顺利地开展，我们需要采取科学、合理的措施和手段来制定高校自身的体育制度，并通过使用规范化的制度，来规范校园内部所开展的体育活动。另外，我们需要对管理理念以及管理手段进行不断的创新和改进，并结合学校当前的实际情况，因地制宜地采取相应的政策和办法，做好体育教学工作，从而将体育文化自身的生命力和时代特色都呈现出来。此外，在高校开展体育教学的过程中，所设置的课程内容应该具有持续性以及大众化的特点，以确保学生能够在体育教学中积极主动地参与整个教学。应该说，在我国当前的体育教学过程中，比较流行的体育项目主要有游泳、网球、羽毛球和体育舞蹈等。另外，在当前开展体育教学的过程中，我们还应改变传统的教学模式以及课程设置。换言之，就是改变以往在教学过程中，只是在大一以及大二阶段开设体育课的情况。争取将体育课堂贯穿到大学四年当中来，并

在教学过程中依据学生自身的兴趣，来适当地增添一些课程。

随着新课改的推行、文化观念的转变，传统意义上的思想理念与文化形态均遭到持续性的影响与冲击。同时，大学生人文主义思潮也逐步被淡化，在大学体育课堂中，培育青年学生的人文理念与精神成为教学的一大任务。

第二节　高校校园体育文化的理论

高校校园体育文化是高校校园文化的重要组成部分，是高校师生接触最为广泛的一种文化。大学生根据个人的爱好，开展以竞技体育、传统保健体育、现代健身体育和娱乐体育为内容的体育文化活动，不仅丰富了课余文化生活，而且营造了高校特有的校园体育文化氛围。加强高校校园体育文化建设，营造浓厚的校园体育文化氛围，全面提高高校的育人质量，有着深远的意义和积极的借鉴作用。

一、高校校园体育文化的定义

高等院校是我国文化积淀、发展和传承的主要社会载体，是知识形成、传播的主要社会场所，高等院校的改革与发展对我国经济、政治、文化的进步与发展有着深远的影响。高校校园体育文化以其特有的文化氛围于有形与无形中影响着广大师生：从发展的角度看，良好的校园体育文化氛围能健身、健心，培养人的社会适应能力；从教育学的角度看，良好的校园体育文化氛围能提高大学生的思想道德品质，培养良好的体育观念，提高审美情趣，完善心理特质；从教养角度看，良好的校园体育文化氛围能教给大学生体育知识技能，培养他们的体育参与态度、动机、兴趣和良好的身体锻炼习惯；从社会学的角度看，良好的校园体育文化氛围能提高大学生的社会意识，促进他们的社会化，增强他们的交际能力和社会活动能力。

高校校园体育文化是在高校校园特定环境下产生的一种文化形态，是社会体育文化的一个分支。《体育运动词汇》一书中对"体育文化"做了如下定义："体育文化是广义文化的一个组成部分，它综合各种利用身体锻炼来提高人的生物学和精神潜力的运筹、规律、制度和物质设施。"

高校校园体育文化是校园文化与体育文化有机结合的产物，是高校师生在校园这一特定的环境中，为实现高校培养和造就合格人才的目标而实施、传播的与身心健康直接相关的以身体活动为主要载体的精神文化现象。高校校园体育文化作为高校校园文化的重要组成部分，对高校校园文化具有反作用；高校校园体育文化具有较高的品位和层次，是高校特有的富有校园文化气息和健康生活气息的大众文化，是以师生的体育价值观为核心，以实现健康第一的高校体育目标为主要目的，以大学生群体为主体的体育行为方式、思维形式和活动方式，主要有校园体育课程、体育课外活动、体育艺术活动、校园体育竞赛活动、体育欣赏活动等具体表现方式和活动形式。一般来说，高校校园体育文化的内涵由三个部分组成，即高校体育精神文化层、高校体育制度文化层、高校体育物质文化层。精神文化层面处于主导地位，反映了高校体育文化的行为准则、价值观念和意识等主要内容，体育健康价值观是其核心，持续渗透时间长，对学生影响久远，是一所高校向心力与凝聚力的象征；制度文化层面是联系两者的纽带，为物质层面更好地利用开发、精神层面的更好挖掘提供了制度保障；物质文化层面是基础，是客观物质保障，它体现出高校体育文化的底蕴，对大学生身心健康发展起到了"润物细无声"的作用。高校校园体育文化的三个层面相互联系，相互促进，共同发展，缺一不可。

二、践行高校体育文化的意义

随着人类的进步和发展，培养具有竞争、开拓意识和全面发展的复合型人才已成为高等学校教育发展的方向。体育作为高等教育的重要组成部分，更是素质教育的重要内容和手段，推进素质教育，发展学生的综合素质必须优先提升体育文化素养。

（一）培养大学生体育文化素养的途径

1. 借助课堂教学平台，刺激隐性因素发挥作用

大学生没有良好的体育个性，在一定程度上阻碍了大学生对体育知识和技能的追求。因而刺激隐性因素发挥作用，培养大学生的体育兴趣是关键。俗话说，"兴趣是最好的老师"。大学生一旦有了体育锻炼的兴趣，体育意识就会养成，同样也不用担心学生体育个性的形成和体育道德品质的问题。因而教师在课堂教学中，应该打破长期以来存在的以传授运动技术为单一模式的教学体系，建立以适当的运动技能传授为手段、以激发学生体育锻炼兴趣为动力、以培养大学生终身体育锻炼意识为最终目的的教学新体系。

在具体的实践教学中，我们慢慢总结出一个规律：大学生的身体素质并不是仅靠公共体育课上的身体素质训练而得以提高和发展的，这种专门传授运动技能以提高身体素质的效果往往是非常不明显的，而恰恰是学生在平时的体育锻炼过程中不知不觉增强了自身的体质。总而言之，刺激体育文化素养的隐形因素发挥作用是关键，教师应该责无旁贷承担着为学生的健康服务的神圣职责，充分利用好课堂教学这个平台，努力培养学生的体育兴

趣，提高学生的体育文化素养。

2. 营造良好的校园体育文化氛围，使学生潜移默化地接受体育知识与技能

大学生接受体育知识和技能，一方面来源于体育教师的课堂教学，另一方面来源于自身对体育知识和技能的关注。因而学校应该开展丰富多彩的课外体育活动，营造良好的校园体育文化氛围，让学生在潜移默化中接受基本的体育知识和技能。比如通过设立课外体育俱乐部、体育运动协会，开展体育专题知识讲座等各种活动，让全体学生有机会选择自己喜欢的项目，体验运动带来的快乐，在良好的体育文化的氛围中不知不觉地受到感染，一方面学到了体育知识，另一方面培养了体育兴趣。体育文化素养是人的基本素质的重要组成部分，在当前大力提倡素质教育的社会转型时期，培养大学生的体育文化素养不仅仅是高校体育教学的目标之一，同时也是高校体育改革所面临的社会责任。学生体育兴趣的激发和培养在一定程度上满足了终身体育的行为需求，在此基础上，教师一定要转变教学观念，多渠道地丰富学生的体育文化知识，同时借助社会体育的力量，让学生意识到提高体育文化素养不仅是个人素质的重要方面，更是大学生步入社会必备的精神品质之一。只有如此，大学生体育文化素养的提高才有希望。

（二）高校践行体育文化的意义

高校校园体育文化是与高校师生密切相关的一种文化，是校园文化中一种特殊的文化现象，是高校校园文化的重要组成部分。意义主要体现在以下三个方面。

1. 丰富校园教师的体育文化生活

高校教师在教学中占有非常重要的地位，在教学中起着主导作用，教师的身心健康对整个高校实际教学有着非常重要的影响。体育对促进身心健康有着极其重要而特殊的作用，通过针对高校教师的调查，总结出高校教师体育文化的现状，找出存在的问题，并有针对性地给予高校教师合理的建议，这对于促进高校教师身心健康的发展具有重要的意义。

2. 高校体育文化对大学生心理健康的积极影响

高校体育文化对大学生心理健康的积极影响主要有两条途径：第一，通过身心健康的交互作用实现。身体锻炼是体育文化的重要内容。第二，高校体育文化通过精神层面上的熏陶和潜移默化实现对大学生心理的积极影响。通过在体育锻炼和竞赛中领悟体育精神，从而增强自我心理调节能力，培养良好的心理品质，克服人格缺陷，不断完善自我。

（1）高校体育文化有助于缓解大学生敏感的人际关系

高校体育教学、课余体育活动、体育竞赛、体育协会组织、对外体育交流是高校体育

文化的重要组织形式。大学生在参与这些体育活动的过程中既要充分发挥自身特点，又要融入集体中相互协作，共同完成既定的目标和任务。在这一过程中，他们不得不学习如何处理与他人的关系，使各项活动顺利开展。在比赛当中，他们必须不断地交流沟通，局势有利或者同伴表现出色时，他们会用各种方式表示鼓励和认可；在出现失误、局势不利的关键时刻却能克制自己的不良情绪，做到相互理解和相互支持。这样，在参与运动过程中，大学生逐步形成了自信、自强、宽容、大度、尊重他人、不畏困难、敢于拼搏、遵守规则等心理品质和行为习惯。长期从事体育运动，特别是集体对抗性项目运动，能够使性格内向者趋于外向化，同时，运动过程中能够有效提升运动者对外交流和沟通的能力，从而发展他们处理复杂人际关系的能力。

（2）高校体育文化有助于大学生准确评价自我，增强自我接纳和自我认同感

心理健康的大学生能对自己的能力、性格做出客观评价，了解自身长处和短处，明确自身存在的价值，能扬长避短，持续健康地发展自己的内在潜力，能促进学生个体在主观上对自己的身体、思想和情感整体做出正确的评价。体育锻炼对于改善人的身体表象和身体自尊至关重要。身体表象障碍在大学生中普遍存在。特别是女生，倾向于高估她们的身高和低估她们的体重，而且，身体肥胖的个体更可能有身体表象和身体自尊方面的障碍。身体自尊主要包括一个人对自己运动能力的评价、对自己身体外貌（吸引力）的评价以及对自己身体抵抗力和健康状况的评价。身体表象和身体自尊与整体自我概念有关，无论男生还是女生，对身体表象不满意会使个体自尊变低（自尊指自我概念的积极程度），并产生不安全感。肌肉力量与身体自尊、情绪稳定性、外向性格和自信心呈正相关，并且加强力量训练会使个体的自我概念显著增强。人格的形成及其发展与人的活动密不可分。在体育锻炼的过程中，大学生是活动的主体，有利于思维活动和机体活动的紧密结合，从而促进人格的完善和发展。同时，既可以施展自己的才华，又能实现自我的心理满足，进而改变人的整个心理状态。

（3）高校体育文化有助于大学生良好意志品质和个性心理的形成

意志品质是指一个人的自觉性、果断性、坚韧性和自制力以及勇敢顽强和独立主动的精神，是一个人行为特点的稳定因素的总和。体育锻炼不但要克服气候条件的变化、动作的难度以及外部障碍等困难，还要克服如胆怯、疲劳及运动损伤等主客观因素造成的困难，同时，还要遵守竞赛规则，制约和调控自己的个人行为，以有利于在竞赛中充分发挥自己的潜能。另外，通过体育文化活动表达团结、友谊、和平、进步等人类先进的思想和愿望，在合理规范的竞争中锻炼自己的品行，并在成功与失败、荣誉与耻辱、竞争与退让、个人与集体之间做出选择，在选择中表达出自己的世界观、人生观和价值观。总之，

体育文化崇尚更快、更强的奥林匹克精神，以"公开、公平、公正"为基本原则，通过高校体育文化培养和塑造大学生良好的个性心理具有显著的效果。

（4）高校体育文化有助于缓解大学生焦虑、胆怯等心理症状

情绪状态的调控能力是衡量高校体育文化对心理健康影响的最主要指标，心理健康的大学生能够适度地表达和控制自己的情绪。高校体育文化对大学生心理的积极影响主要是以体育锻炼为表现形式和手段的，体育锻炼可以有效转移个体不愉快的意识、情绪和行为，使其从烦恼和痛苦中解脱出来。体育锻炼之所以能够调节情绪，是因为参与者能体验到运动带来的愉快感。适度负荷的体育锻炼能够促进人体释放一种多肽物质——内啡肽，它能提升大脑皮层的兴奋和抑制的协调作用，使神经系统的兴奋抑制的交替转换过程得到加强，从而产生良好的情绪状态。因此参加体育锻炼，尤其是参加那些自己喜爱和擅长的体育锻炼，可以使人从中得到乐趣，振奋精神。以有氧代谢为标准的中距离和长距离慢速跑、变速跑能够松弛紧张的情绪；集体项目，如球类活动，可以通过培养良好的协作精神和团队意识来抑制焦虑；健美操、有氧韵律操等对缓解焦虑有明显的作用。另外，经常参加身体锻炼者的状态焦虑、紧张和心理紊乱等消极的心理变量水平明显低于不参加身体锻炼者，而愉快等积极的心理变量水平则明显要高一些。

3. 促进高校校园文化的建设及发展

高校校园文化是以学生和教师为主体，以各种文化体育活动为主要内容，以校园为主要空间，以校园精神为主要特征的一种群体文化，它主要包括：以青年学生为代表的文化观念以及由此所规范的学生特有的思维特征、行为特征和方式；师生课余生活中一切以群体形式出现的文化体育活动，如诗社、棋牌俱乐部、文学社、武术、球类等社团活动，其中最能体现校园文化本质内容的是校园风气或校园精神。校园文化建设是学校育人工作的重要一环，它能促进整个学校的教育思想、教育管理、教育方法的变革，对于引导学生坚定正确的政治方向，提高思想道德素质，开发智力，增进身心健康，丰富文化生活，帮助他们树立和形成良好的审美观以及和谐的人际关系，促使学生产生积极的情感和创造意识，促进学生全面成才具有重大的意义。

第三节　高校体育文化的结构与内容

近年来高校校园文化研究与建设热潮日益高涨，这源于高校进入自主发展、自我发展的新阶段后，在市场经济、全球化、信息化、环境化与可持续发展的背景下，从文化发展

方面对学校进行自主特色定位。但是，由于文化概念的广泛性，大家对校园体育文化存在众多不同的理解，特别是不加区分地罗列校园体育文化的层次和校园体育文化现象，这既无助于认识深化，也给校园体育文化建设的具体实践带来操作上的困难。因为现实的校园体育文化是开放的、立体的、丰富多彩的，我们必须按照校园体育文化结构要素间的内在逻辑关系，从不同的视角加以考察，并立体地把握校园体育文化，才能认识校园体育文化层次结构的基本原则。

一、校园体育文化主体形态的层次结构

人是校园体育文化的主体，同时也是其主要载体，是活力最强的校园体育文化的构成要素。校园体育文化的构建应首先着眼于人，它的核心问题是人力资源的开发、管理和利用，它既包括校园成员的体育文化水平、体育道德、体育观念、体育态度、语言艺术、体育教师的业务能力、科学化训练水平、学生的运动水平、运动成绩、健身水平、服饰内容和体育运动中的人际关系等素质的教育与培训、体育作风的培养、主体体育精神的树立与发挥，也包括学校体育精神的宣传、灌输和渗透，更包括了充分发挥以名师名生为代表的群体在校园体育文化建设中的主体作用、榜样作用和示范作用，充分给予他们在教学、科研、训练、健身过程中展示个人魅力的机会和时空。校园体育文化的形成、发展和特色的定型根本上是主体的结果，是高校全体师生员工共同的主观追求、设计与创新。但是由于学校内不同群体的身份、角色不同，因此从主体方面来考察，校园体育文化客观上存在干部体育文化、教师体育文化、学生体育文化三个层次。学生体育文化是校园体育文化的最表面、最活跃的层次；教师体育文化处在稳定的中间层，是校园体育文化的主导方面；干部体育文化以学校决策管理层为代表，是校园体育文化整体自觉发展、主动创新的重要动力。

（一）干部体育文化

干部体育文化的主体主要是学校的决策层、高校二级管理单位的领导集体以及系部的领导集体。他们的办学理念和教育思想，以及能否目光敏锐地站在时代前沿，通常是学校发展的决定因素，对校园体育文化的形成与传播产生了巨大的影响。一个好领导等于一所好学校。学校领导集体对校园体育文化有预见地倡导和长期培育是形成特色鲜明的校园体育文化的重要源泉，他们对各种社会文化思潮的态度，会极大地左右学校跨文化交流的方式与内容，影响校园体育文化在继承民族传统体育、吸收世界体育文明及创新方面的进程。学校领导集体尤其担负着学校政治文化、道德文化与健康文化建设的重要责任，在代

康观、运动观、体育观、审美观、道德观、人际关系、体育意识、体育思想观念、价值取向、实践能力等，从深层影响着全体师生员工的思想、理想、信仰、意志、杰度、情感及行为，具有深刻的哲理内涵和浓浓的人情味，要创设那种潜伏、弥漫、浸染于整个校园并体现学校深层目的的精神氛围，来养成全体师生员工具有持久效应的思维、态度、情感及行为方式。校园体育精神文化是赋予学校以生命、活力并反映学校体育历史传统、办学特色、体育精神风貌的一种学校体育精神形态，每所学校都有自己的校园体育文化，但并不一定每所学校都形成或凝聚起自己独具特色的学校体育精神。学校体育精神是校园体育文化的核心和灵魂，这强大的影响力、感染力渗透在学校体育的方方面面，就成为凝聚全体师生员工的精神动力。体育传统的形成与保持源于校方及体育教师的重视提倡和悉心指导，其思想根源在于教育者"健全人格"的教育思想和忧国忧民的爱国之心。

（二）校园体育艺术文化

1. 体育艺术文化的内涵

体育艺术文化既不同于体育物质文化，也不同于体育精神文化，它处于二者中间。在历史文化发展的长河中，体育与艺术在各自的发展中相互间不断地靠近、接近与汇合，出现了一个体育与艺术相互渗透的广阔领域。今天人们观赏不同形式的体育比赛，运动者的优美动作既可作为"流动的艺术品"供人视觉观赏，在他们的动作中表现出来的拼搏进取、公平竞争、即兴创新动作等又作为"物质中的思维"和爱国主义与个性的张扬联系起来。他们这种具有双重意义的表演难以用其他符号表达，故它应该隶属体育艺术文化体系。

2. 体育艺术文化的主要内容

校园体育艺术文化主要有体育表演艺术与体育欣赏。

①体育表演艺术——体育表演有两种含义：一是在校园体育活动中通过体育动作表现自己的美，提高对美的表现把握能力，它是美育的重要内容。二是观看别人表演，提高自己欣赏美的水平。②体育欣赏——观赏体育比赛是陶冶学生情操，培养学生对体育活动的热情的重要内容。这些比赛所表现出来的高超运动技巧和拼搏精神特别适合发泄观众的感情，这是任何表演都难以达到的。学生在从事体育活动时，有时会产生一种"尽善尽美"的追求，这和艺术的追求是很相似的，从体育中产生的"身心一致""返璞归真""融于自然"等体验具有精神体验和身体体验难以侵害的特点。

现代生活中体育与艺术或艺术与体育的广泛融合现象，是体育游离实用中心向着艺术逐渐推移，艺术游离审美中心向着生活实践领域（包括体育运动）逐渐推移，双向互动，动态生成的结果，是文化发展史内部方向相对、作用不同的两种历史性律动形式相辅相成的结果。

（三）校园体育制度文化

校园体育制度文化主要指以文字形态表达学校体育的规章制度及固定的体制所体现的文化，如学校制定的体育章程、条例、规定、办法、公约、实施细则等制度以及办学目标、校训、教风、学风等，它们保证学校秩序的正常运行，规范着学校成员的行为、态度和作风，倡导与校园体育精神文化的价值观、健康观、审美观一致的学校体育风气，是体育精神文化在学校各个方面管理上的体现。先进的校园体育文化精神如果不能通过一定的制度及相应的机制表达出来，就难以转化成客观的体育文化存在，形成不了新的体育文化风尚，就起不到推动校园体育文化进步的作用。当新的校园体育精神文化转化到了制度上时，既标志着先进的校园体育精神文化的有效传播，又标志着校园体育文化创新的落实。一所高校包括体育制度创新在内的体育教育创新，本质上是体育文化创新。当前，经济发展和社会进步已极大地改变了当代高校师生的价值观念、健康观念，相对来说高校现行的部分体育规章制度还落后于时代前进的脚步，成为阻碍高校体育发展、影响人才培养质量的最大因素。在当前的高校体育改革中，制度创新是推动高校体育发展、建设高校校园体育文化的途径。同时，体育制度创新是体育创新的重要内容，没有不断的体育制度创新就不会有体育体制改革的真正深化。校园体育物质文化以实物形态表现出来，主要指学校的体育建筑、生活设施、校园教学环境、自然生态环境等。人生活在一定的自然环境中，总是力图对自己周围的环境客体做全面认识和综合解释，这就是环境知觉。在环境知觉的指导下，人在空间中进行各种各样的身体活动，空间慢慢地与各种各样的身体活动发生联系，产生了意义。人出于对自然、社会和人自身的理解，对分化的空间做出自觉的安排和使用，这就是空间设计。空间设计的直接结果就是形成各种各样的体育物质文化。它们既是校园体育文化活动的物质保障，又在一定程度上制约校园体育文化的规模甚至质量。体育物质文化处于精神文化、制度文化的外层，一方面是因为在校园的整体布局、校园建筑结构风格、校园自然生态环境等物质建设上，积淀着师生的审美价值；另一方面是否自觉接受先进体育精神文化的指导，校园体育物质形态上所承载的体育文化含义是有很大不同的。在校园的体育物质设施建设上，通常凝聚了一定时代学校全体师生的体育文化思考，是最直观区别高校有无体育文化内涵的特征之一。优秀的校园体育物质文化是丰富和升华校园体育文化生活，表现一所学校的独特气质和风格以及良好的社会形象不可缺少的内容，反之，不重视校园体育物质文化，不仅影响体育教学、科研、训练、健身活动的开展，而且不利于人素质的全面发展和终身体育的养成。因此国内知名大学都非常重视学校体育建筑风格、整体布局和校园生态环境的建设。

校园体育物质文化是一种特殊的物质文化形态，其独特之处就在于校园是专门的育人场所，育人的意向性要求是其本身包容丰富的教育意义与教育价值。校园体育物质文化积淀着历史、传统、体育文化和社会价值，蕴含着巨大的潜在体育教育意义。学生不仅通过体育物质文化掌握一定群体的环境知觉，而且同时从体育物质文化中领会特定体育文化的空间设计，态度、情感、健康观和价值观受到潜移默化的影响。

（四）校园体育行为文化

校园体育行为文化包括校园内人们的日常言行和开展的教学性、学术性健身活动，娱乐性活动，体育消费，体育时间和空间利用等。校园体育行为文化主要通过师生的身体活动形态表现出来，是学校日常生活中人们最经常表达情感、态度，最直接感受的活的体育文化形态，它与上述四个层次的校园体育文化有很大不同。相对于体育行为文化来说，上述四个层次的校园体育文化便有了资源性或环境性的作用，从内部支撑着校园体育行为文化，并形成高校跨文化交流的活跃"界面"。由于校园体育行为文化处于校园体育文化的外层，因此它比内层文化更具开放性、更加多元化与生活化。校园体育行为文化一方面要受支撑它的内层文化的影响和支配；另一方面又受体育艺术文化和社会大众文化的影响，对内层文化有反作用，它总是在承受现在的内层文化的基础上又对内层体育文化有所改变。校园体育文化正是内外层文化这种承受与改变的交互活动过程的产物，不断在各层次间内在的矛盾运动中获得发展动力。

三、校园体育文化中职能形态的层次结构

在校园体育文化中文化信息的传递通常由于学校不同部门的分工而有了职能的特征，从而使文化渗透影响的方式出现差异。按照职能特征，校园体育文化可分为体育决策管理文化，体育教学、学术、训练、健身文化，体育生活娱乐文化三个层次。

（一）体育决策管理文化

体育决策管理文化是指学校体育决策与管理的理念，以及相应的制度、方式、结构、原则与行为等。不同理念、结构、制度、方式、原则与行为下形成的决策与管理，反映出来的体育价值观念与体育文化意义是完全不同的，对校园体育文化的形成、发展的结果也是完全不一样的。透过学校的决策与管理，人们可以清晰感受到一所学校体育文化的品

位。因此从职能上来说，决策管理文化不仅是一个独立的校园体育文化层次，而且居于校园体育文化的中心枢纽地位。

（二）体育教学、学术、训练、健身文化

体育教学、学术、训练、健身文化是在教学、科研、训练与健身行为、结果和制度上积淀起来的文化。体育教学、学术、训练与健身是校园体育文化的主要内容，也是高校体育文化区别于其他文化的重要特征。体育教学、学术、训练与健身是校园体育文化的关键层次和建设主题，良好的体育教学、学术、训练与健身文化对高校提高办学层次、办学水平与保证办学质量都是必要的条件之一。当体育教师视自己的学术生命为第一要务时，学术抱负就转化为强大的体育精神动力，求真敬业的良好教风、训练作风与健康第一的形成自然水到渠成；当创新教育蔚然成风时，杰出人才的出现就只是一个时间问题。良好的学术文化同样是大学生学习创新，提高素质，建设良好学风、考风与健身风的强大精神动力。不同高校或同一学校的不同学院、课程，教学学术、训练与健身都有自己显著的特色，科技文化与人文文化各有侧重。但是体育教学、学术、训练与健身文化是共同具有的，体育文化与科技文化、人文文化构成校园文化整体。

（三）体育生活娱乐文化

体育日常生活娱乐文化是工作学习之外，在全体师生员工的生活方式与闲暇娱乐活动中表现出来的体育文化现象。所谓日常生活，是指同时使社会再生产成为可能的个体再生产要素的集合，日常生活从生命价值的确证和维护、以主体间的交往行动摒弃对人的工具性规定、参与并担保文化的延续、使个体不断融入这个世界并获得对世界的认同感等方面展示了其积极的意义。体育文化以其强大的渗透力作用于人的生活价值观。体育是生活的符号，身体运动积淀着文化。体育是提高生活质量的手段。它处在学校主流文化的外层，与体育决策管理文化，体育教学、学术、训练与健身文化既有相关性，相互间的作用又是十分紧密的。这是学校中最广泛存在的一种体育文化形式，表现在各种有组织或自发的活动之中，有很大的随意性、松散性。校园体育生活娱乐文化、大众文化与艺术文化的相关内容有重合与交叉之处，但又有着自身的特点。

高校作为最高层次的教育单位，高级知识分子相对集中、传播媒介比较完备、文化层次普遍较高已成为它的三大特征。由于处于社会文化潮流的前沿，学校成员对各种社会现象、体育现象、思潮、社会风云比较敏感，表现出明显的观照。对科学技术和社会进步，一般具有趋善求美的理性的自觉性。同时，高校担负着人才培养与知识、技能、制度创新

的社会职能，体育教学、科研、训练与健身是主要的工作方式，学校体育都要围绕教学、科研、训练与健身来运作，这种独特的工作方式会给师生员工的体育思想和行为方式留下深刻的烙印，从而使高校的校园体育文化显示自身的特殊性，即学术性。以学术性为特色的校园体育文化必定尊重自然科学、社会科学、人文科学、体育科学、生命科学与生态科学，崇尚科学精神与人文精神的结合，因此，科学性是校园体育文化不能脱离的本质特征。并且学术性活动要求尊重民主，强调"百花齐放，百家争鸣"，鼓励兼容并蓄，主张开放多元的学术环境，因此民主性是校园体育文化不能缺少的又一个本质特征。

四、高校校园体育文化的特征与构成要素

高校校园体育文化是以一定的社会政治、经济、教育、文化、体育等条件为基础，以高校师生员工为主体，由高校的体育环境和学生的需求相融合形成的。高校校园体育文化是具有高校校园特色和健康生活气氛的一种大众文化，具有较高的层次和品位，它集健身、消遣、娱乐、传播文化等功能于一身，是大学生文化生活中的一项重要内容，具有如下几个主要特征。

（一）健身性

高校体育是通过人体运动的方式进行的，因此，健身性是高校校园体育文化的最本质特点之一。在高校体育活动中，无论是体育课还是课外活动，无论是传播运动技术还是讲授健身知识，都是为了增强体质，增进心理健康，因此，高校校园体育文化有很强的健身性。通过体育文化活动，可以使参与者获得身体机理的健康，更重要的是让参与者获得自主性、独立性、勇于挑战的精神和勇敢顽强的意志品质，以及公正的态度、集体协作的精神、开朗活泼的性格，进而使个体健康而全面发展，并具有更加积极的个人性格与心理素质，成为一个真正的全方位的自我和谐的人。

（二）竞争性

竞争性是体育的灵魂，没有竞争就没有超越，就没有创新和发展。体育的竞争是指在运动场上，两个或两个以上的个人或集体在统一规则下，争夺统一目标的活动，先得者为胜，不得者为败。它不仅比身体、比技术、比经验，而且比思想、比意志、比作风和拼搏精神，是一种全面的抗衡和竞争，对参加者的各个方面都是一种严峻的考验。从某种意义上说，竞技体育是人类竞争的典范。适者生存是在自然界和人类社会已被广泛证明的真理，要适应未来社会的需要，就必须学会竞争，并在竞争中取胜。高校体育文化活动让师

生在竞赛中较量体力、智力、心理素质，在公正、准确、平等的基础上展开拼搏，体会竞争的剧烈性和残酷性，增强竞争意识，在激烈的竞争中学会运用技术和技巧，充分发挥自己的聪明才智，战胜对手，战胜自我和超越自我。

（三）互动性

校园体育文化是典型的开放系统，它与外界的信息交流十分频繁，不仅具有青年文化的特点，同时又时刻反映着社会文化的变迁，并不断地吸收和表现社会时尚的体育文化特征，反映社会体育知识、体育科技、体育经济等方面的最新变化。高校校园体育文化环境是由学校与学校、系与系、学校与社会等一个个体育文化圈组成的，没有这些体育文化圈，就没有高校校园体育文化。作为高等院校的教师和学生，尽管他们有一定的独立性，但是人与人之间需要沟通和交流，院系与专业之间也需要互相协调和合作。

（四）教育性

现代教育强调终身教育，终身体育作为一种新思想，是受终身教育思想的影响，随着社会经济的发展、体育功能的完善和人们生活观念、行为的变化而产生的。当代社会人们对体育的需求日益高涨；科学锻炼、终身受益已形成一股社会体育的新潮流。因此，高校校园体育文化应以终身体育为主线，以大学生终身受益为出发点，立足现在、着眼未来，将大学生的个体行为纳入终身体育行为，拓宽高校体育培养目标的内涵，在培养学生个体行为的基础上发展体育特长，使学生掌握体育锻炼的知识技能，培养和提高学生的体育能力，养成经常参加体育锻炼的习惯。还有就是通过各类校园体育文化活动的示范和教育，参与者能学会各种卫生保健知识，培养和提高其在运动时的自我保护的保健能力。

（五）娱乐性

现代奥林匹克运动会创始人、法国教育家顾拜旦（Le baron Pierre De Coubertin）在他的《体育颂》中这样写道："体育，你就是乐趣，想起你，内心充满欢喜，血液循环加剧，思路更加开阔，条理更加清晰，你使忧伤的人散心解闷，你可使快乐的人生活更加甜蜜。"这段名言道出了体育娱乐性的真谛。现代体育由于其技术的高难性、造型的艺术性、配合默契性和技术动作的直观性，很容易被广大人民群众接受，成为现代人闲暇生活的重要组成部分，起到丰富社会文化生活、满足人们精神生活需求的作用。同时，现代体育运动使健、力、美高度统一起来，和谐的旋律、明快的节奏、默契的配合，表现出抒情诗般的艺术造型，使人们在欣赏体育比赛时获得美的享受。

第六章　高校体育文化体系构建

第一节　高校体育学科建设

体育学科从属于教育学门类，一级学科为体育学，二级学科为体育人文社会学、体育教育训练学、民族传统体育学和运动人体科学。体育学科建设是指体育学科的管理者为了实现体育学科发展目标，根据体育学科发展规律，对体育学科进行计划、组织、领导、控制和创新的综合活动过程。

一、体育学科管理体制

（一）国家层面的宏观管理

为了促进经济社会的发展，提高国家的科技竞争力，国家通过政策和经费等手段宏观调控高校学科建设，调控方式主要有直接调控和间接调控。直接调控是指政府通过与学科直接相关的政策和经费，鼓励高校发展国家和行业急需的重点需求和领域。间接调控是指国家经济社会发展政策等间接与高校学科有关的政策对高校学科建设的调控。在体育学科方面，随着健身指导、体育产业、体育管理等研究的逐渐深入，国家层面的宏观管理对体育人文社会学学科的建设与发展起到重要的促进作用。

（二）教育部的管理

教育部高等教育司对口管理高校学科建设工作，其具体职责是拟定高等学校学科专业目录和教学指导文件，管理的措施主要有制定政策法规以规范学科、开展学科评估监督学科和评选国家重点学科以发展学科。政策法规规范了高校的学科和专业设置，也在一定程度上制定了培养人才的目标，明确了培养的内容，是高校学科设置的依据。

（三）地方教育主管部门的管理

各省、自治区、直辖市教育厅设有高等教育处分管相关高校的学科建设工作。高等教育处的职责主要包括执行国家有关学科设置和管理的规定，统筹该地区高校学科和专业设置工作，研究拟定并实施学科建设的总体规划。为了规范学科建设，各地组织本地区学科评估和本级重点学科评选工作。

（四）学校内部管理

学校根据国家相关规定设置学科，一般设立学科建设办公室管理本校学科建设工作。学科建设办公室总体规划和组织实施学校学科建设工作，制定学科发展规划，指导学校下设的学院、系、所制定学科建设发展规划，制定学科建设管理办法，组织、实施和检查学科建设工作，管理、分配和监督学科经费，协调学科建设中出现的各种问题。体育学院（系、部）在学科建设办公室的指导下设置并建设体育学科，制定体育学科规划，组织并实施体育学科建设工作，组织科研团队，开展学生培养工作，搭建学科建设平台。

二、体育学科组织

（一）体育学科组织的内涵

体育学科组织是高校中管理和运行体育学科的学术组织，在高校中一般称为体育学院、体育系或体育部。体育学院（系、部）是体育学科产生和发展的基础，是围绕体育学科建立起来的组织。而且，体育学科的内在发展动力是体育学院（系、部）发展的动力源泉。体育学科组织的内涵包括以下三个要点。

1. 体育学科组织的范围主要是高等院校

尽管体育学科组织除去高校体育学院（系、部）以外，还包括体育科学研究所、各种体育学会等研究机构，但高校体育学院（系、部）无论是总体数量上还是培养学生规模上，都是学科组织的主体，并且随着高校体育学院（系、部）的不断发展，它们成为学科组织的主要力量。从这个层面上讲，高校的体育学科是整个体育学科的代表。

2. 体育学科组织管理和运行的对象为体育学科

体育学院（系、部）是在体育学科发展的基础上建立起来的，其内部结构的划分也是按照体育学科结构进行布局的。体育学科组织的共同特征是围绕体育学科展开工作，学科组织的成员管理、研究、传播的对象是体育学科。

3. 体育学科组织性质上属于学术组织

体育学科组织以体育学科为主要工作对象，承担着教学、科研和服务社会的职能，其活动主要是学术活动，从本质上讲是学术组织。但是，这并不意味着体育学科组织没有行政管理职能，实际上体育学科组织也承担着管理学科、处理学科相关事务的行政职能，但是学术性是体育学科组织的本质。

（二）体育学科组织的模式

中华人民共和国成立以来第一所体育学院创办以来，我国高校的体育学科组织经历了巨大的变化，从体育系、科、教研室、教学中心逐渐演变为现在的体育学院（系、部）。目前，我国高校的体育学科组织主要有四种类型。

1. 学院/系—教研室

这类模式以体育二级学科为主设置学院或者系，学院或系根据专业或者项目设立教研室，我国大部分体育院校采用了该类型的学科结构。

2. 学院—系—教研室

这类模式在体育一级学科设学院，体育二级学科设系，专业或者项目设教研室，师范类院校大多采用这类模式。

3. 学院—系

这类模式在体育一级学科设学院，以体育二级学科为主设系，通常综合院校采用这类模式。

4. 系—教研室

这类模式在学校内部设置体育系（体育一级学科设系），项目或者专业设教研室。

5. 部—教研室

这类模式是指高校按照一级学科设体育教学研究部，按照二级学科或者专业设置教研室。

大部分设有体育学院（系、部）的高校都设有相应的实验室或者相应的研究基地作为学科研究的基础平台。

（三）体育学科组织的要素

1. 体育学科的发展目标

学科是承担大学四大职能的载体，学科的基本目标就是承担大学职能细分到该学科上的任务。对于体育学科来讲，其承担的职能包括培育人才、科学研究、社会服务、文化传承与创新。

体育学科目标的确定需要有科学的依据，科学的依据来源于国家经济和社会发展需求、行业性的体育事业发展态势、外在的物质条件保障和内在学科发展逻辑。国家经济和社会发展的需求是指经济社会的发展对体育学科发展提出的要求，包括对学科目标学术上的要求和应用上的要求，如国民体质与健康素质的提升、体育产业转型发展等方面的需求。行业性的体育事业发展需求是指体育事业的发展离不开体育学科的理论指导，体育学科的发展目标必须依据体育事业发展的需求，如我国体育管理体制改革与发展研究是体育政府部门改革亟须的理论。体育学科分散于不同的高校中，各个学校的学科物质条件也不尽相同，因此体育学科目标的确定不能脱离学校的实际情况。体育学科有其自身的发展规律及逻辑上的发展要求，需要对体育学科的未知领域进行探索，因此体育学科目标的确定必须依照自身的发展逻辑而定。

体育学科的目标是一个体系，应该涵盖学术性目标、应用性目标、科研成果目标和人才培养目标。学术性目标就是通过学科的建设与发展，体育学科所实现的自身逻辑上的发展和延伸，如体育学科新理论的产生或者体育学科领域的扩展。应用性目标是指学科应用到实践中预期取得的成效，如体育人文社会学的发展为体育产业提供的实践指导。科研成果目标是指学科建设所带来的成果体现，如体育学科专著编写、论文创作的数量和质量等。人才培养目标是指学科建设中所培养人才的目标，如培养研究生的数量、学生学位论文的质量等。这四个目标是一个有机整体，虽然存在相互冲突的领域，但是四者缺一不可，相辅相成，相互促进。

体育学科的目标对于整个体育学科的发展具有重要的作用，主要体现在三个方面：一是引导体育学科的发展方向，为体育学科组织的完善和学科的建设提供导向；二是激励组织成员，使其为实现目标而不断努力；三是凝聚组织其他要素，使组织的要素凝聚到一条主线上，形成学科组织的合力。

2. 体育学科的学术团队

学科组织在一定意义上就是学者的组织，学者是组织的核心。随着学科建设的发展，学者们逐渐结合形成了学术团队，这成为当前学科组织运行的基础及学科发展的主导力量。体育学科组织的学术团队由学科带头人和团队成员组成。学科带头人是体育学科发展的领路人，他总体规划学科的建设与发展，带领整个学术团队实现学科建设的目标。学科带头人又可以称为"专家"，其水平的高低在一定程度上代表了本校体育学科的总体水平。对于学科带头人的评判主要看其是否进入国家人才评选系列。学科带头人是学术团队的引领者，学术团队成员是学科研究的重要基础，学术团队成员的科研水平与学科带头人的能力形成了良性的互动，有利于切实提高本校体育学科的水平。

学术团队具有自身特点，管理时应该区别对待，以人为本开展管理。以人为本管理除了调动人的积极性、创造性之外，还强调根据管理对象的特点进行管理。学术团队是学术型组织的团队，所开展的工作具有创新性和较高科技含量，管理时必须充分下放管理权限，给予学术团队充分的自主权。具体到高校的体育学科组织中，应建立以学科带头人为负责人的民主管理体制，做好学术自治，开展民主管理；应建立能进能出的人才流动机制，分阶段评价学术团队的工作成果，引进新人才，退出落后人才。

学术团队评价的主要标准是团队结构和科研水平，结构上要求学缘结构、学历结构、年龄结构适宜，科研水平主要通过学科团队成员所创造的科研成果进行评判。学缘结构上应有不同经历的互补，学历结构上主要看博士研究生的数量，年龄结构上要老中青结合。科研成果的评判分为两个方面：一是体育学科著作、论文数量的多少和质量的高低；二是学术团队获得的国家以及省部级课题的数量。具体而言，评价学术团队的工作效果应该从获得的科研项目，尤其是重点项目的数量、科研经费的数量以及科研成果的数量和质量进行评判，从而监督、控制体育学科学术团队保持较高的工作绩效，不断创新，多出成果。

3. 体育学科建设的物质保障

物质保障是指体育学科建设与发展所必需的经费、设施设备和各种资料，是学科组织目标落实的物质基础，它为学科组织提供了工作场所、实验设备、研究资料和必需的经费。每个学校的物质保障虽然并不一致，但是需要满足学科的基本需求。

学科经费主要来源于两个部分。一是事业拨款以及学校和学院的支持经费，这部分经费往往是固定的，只能满足学科建设的基本需求，对于这部分经费要精打细算，用到最需要的地方；二是项目经费，主要包括国际体育科研项目经费和国内各级体育科研项目经费，这些经费主要通过科研立项获得，获得这些经费的基础就是科研实力，来源于研究工作的积累，具体包括学术团队科研力量的积累、科研成果的积累和学科水平的提升等。总之，学科经费的使用要依据经费使用的相关法律规定，项目经费要符合项目的要求，经费管理的负责人为学科带头人和项目负责人。

设施设备和各种资料是学科建设的基础，购买和引进应根据学科发展的需要建立设施设备和资料引进计划，采用招投标的手段，以公开、公正的方式获得最优的资源。引进后，要建立保管和使用制度，规范管理、合理利用各种设施设备和资料，发挥其最大效益。

4. 体育学科平台

体育学科平台是联系与学科发展相关的人、财、物的系统，通过学科平台能很好地借助国家、地方和学校的政策和经费支持，实现学科的迅速发展，是体育学科建设的重点和突破点。

学科平台具有高端性，引进学科平台要做好充分的准备，具体包括准备和申报两部分。体育学科平台的引进，需要准备好人、经费、设施设备和学科成果。人即学科平台的师资队伍，体育学院（系、部）应该优化组合师资队伍，结合自身的特色与优势，建立一支结构合理的师资队伍，组织运行校级学科平台。同时，学校和体育学院（系、部）应给予校级学科平台相应的设施设备和经费的支持，建立学科平台的管理制度。管理运行学科平台，应做好监督评估，促进学科平台能够做出成绩，做出亮点，而且能够形成一定数量较高水平的学术专著与论文。然后，在前期准备的基础上，合理选择学科平台并开展申报工作。

学科平台引进以后要做好管理工作，确保学科平台能够完成工作目标和任务。

首先，要完善机构，配备人员。

其次，要制定规章制度，加强平台管理。学科平台要建立严格的规章制度，加强人、财、物的管理，提高工作效率。

最后，要做好监督检查和控制。学科平台运行部门要根据管理规定自行做好评估和控制，以保证目标的有效性；主管部门要做好学科平台的阶段性检查与考核，根据学科平台的运行效果及时开展相应的管理工作，进行平台的淘汰或者升级。

第二节　高校校园体育物质文化层建设

一、物质文化的要素

体育物质文化是指体育中的活动方式及其物质形态，可分为体育活动方式、体育器材和场地设施以及为促进体育发展而创造并形成物质的各种思想物化品三个部分。

（一）体育活动方式

"生命在于运动"，锄草、耕田、插秧、纺织、印染、锻造等各种农业和工业的劳动，都是人们满足基本生活的活动方式。身心健康是人们参与体育活动所要达到的目的，它既没有脱离人类的劳动方式，也是对人类劳动方式的一种补偿。随着人类社会文明程度的提高，以追求提高劳动和工作效率与能力为目的的体育活动方式日益繁荣，它已经成为满足各种精神需要的极具生命力的一种活动方式。例如，人们通过跑步来缓解和调节工作带来的紧张情绪，通过打网球和篮球来增强体质，通过观看足球比赛来放松和宣泄情绪，这些都是体育活动的方式。

（二）体育器材和场地设施

在历史发展过程中，通过自身的力量进行创造来满足自身的各种需要，也是人类最基本的一项活动。在人类的各种需要中，由于体育是一种以精神为内核的需要，与人类的其他需要相比，人类对体育方面的需要出现得相对较晚。但是，人们并没有减少对满足自身全面发展需要而进行创造的欲望。例如，人们为了满足自身体育运动的需要，建设了田径场、体育馆、足球场等场地设施，创造了网球拍、雪橇、游泳镜等体育器材，这不仅成为人类诸多物质用具和设施中耀眼的部分，也加入了更多新的高科技元素。随着人类需求的丰富和升华，对于高层次精神需要的满足所需要的创造动力将愈加强劲，这必将极大地推动体育器材和场地的发展。

（三）为促进体育发展所创造并形成物质的各种思想物化品

体育物质文化中的最高层次就是创造并形成物质的各种思想物化品。在体育物质文化中，也包含了由人们的体育意识和观念直接形成的物质产物，并且这种形式的物质产物要高于直接充当体育活动方式载体的体育设施和用具，如体育法规制度、体育比赛录像带、裁判法、体育歌曲录音带等。具体而言，体育物质文化是指在体育文化诸现象中实际存在、有形有色、可以直接感知的事物。它不仅包括各种体育器材、体育用品和体育场地，还包括具有深刻思想内涵的物质成果。例如，款式各异的运动服装和风格独特的体育场馆都是体育物质文化的内容，它们不仅能够直接被感知且具有明显的物质功能性；动感形象的体育雕塑、设计精巧的体育器械也都属于体育物质文化的范围，它们在客观存在的同时还具有很强的表现性。

形态的物质性、功能的基础性、表现的易显性是体育物质文化与体育制度文化、体育精神文化相区别的三个方面。事实上，体育物质文化是体育精神文化的投影，其中沉淀了人们的精神、欲望、智慧等；是体育精神的物化，所有由体育目的和需要而作用的物质对象及人类生活方式都可以视为体育物质文化；是对体育水平的直接反映，在一定程度上也间接反映了社会生产力的发展水平。

二、我国高校校园体育物质文化建设

校园体育物质文化的建设是校园体育文化体系建设的重要基础。高校良好的体育教学设施、功能齐全的运动器材设备能够使得学生获得更好的体育文化熏陶，从而更有利于体育文化的发展。在校园体育物质文化建设过程中，应将物质文化作为校园体育文化体系建设的重要方面，促进软件、硬件的共同发展。具体而言，高校校园体育物质文化层的建设应注意以下几个方面。

（一）科学布局，美化高校体育物质文化环境

高校体育运动场和体育馆既是学生和高校教育工作者锻炼、休闲、聚会的场所，又是反映学校物质文化的形象工程。随着各高校招生人数的日益增加，高校教学基础设施建设力度加大，高校的校园环境得到了很大程度的改善，为满足高校体育教学与训练的需要，许多高校都需要新建运动场和体育馆，以完善体育配套设施。

高校体育场馆和基础设施建设是高校校园建设的重要部分，校园场馆的布局应科学、合理，与校园环境协调一致，否则会影响校园的整体规划和体育场馆的使用率，给学生的锻炼造成消极因素。科学合理的布局是高校体育场馆设施发挥其价值的关键，也是整个校园环境协调的重要部分。因此，高校体育运动场和体育馆应该与学生宿舍和教师宿舍的距离适宜，便于学生和教师参加各种体育活动。因为体育活动是一种较为活跃的社会实践，如果与教室、实验室等课堂教学场所的距离太近，势必会相互影响，所以高校体育运动场和体育馆还要与教室、实验室等课堂教学场所的距离适宜。

（二）精心设计体育人文景观，提升高校体育物质文化品位

在文化环境的构建中，物质文化是精神文化的基础和保障，而精神文化又对物质文化起着导向作用。鉴于此，可以依据学校体育建设的需要，在校园内适当挖掘体现校园体育文化的人文景观，从而大大丰富高校体育物质文化，实现对学生潜移默化的影响。

高校人文体育景观的设计与建筑是人们对体育的理解和诠释，充分体现了人们的智慧。每所高校由于其办学历史、办学理念、办学区域、办学方式的不同，以及传统校园文

化与时尚体育文化的影响程度不同，各自形成了具有一定特色的高校体育文化。这种特色的高校体育文化最为直接的表达与诠释就是高校体育场馆的建设与体育雕塑等的建设。由此可见，高校体育人文景观是提高高校体育文化品位的基础，是高校体育文化的外在标志，对于形成良好的校园体育锻炼氛围和宣传高校体育有着积极的作用。此外，校园内的每座体育雕塑都能宣传体育运动，倡导体育精神，活跃体育气氛，激发体育热情。

（三）建立教师进修保障机制，优化高校体育人力资源

高校体育教师是高校体育物质文化建设的重要主体。因此，政府要以立法的形式保障体育教师的进修机会；同时，高校要有计划、有目的地定期选取一定数量的体育教师进修学习，从而带动本校其他体育教师综合素质的提高。

另外，高校要加强"人文奥运""以人为本"的理念在高校的指导作用，深化高校体育教学改革，为体育教师的发展提供更多的机会，加速体育教师观念的更新；着力构建"体育是一种教育文化"的学术环境，定期举办体育理论研究研讨会，加强体育教师之间的合作，提高体育教师的人文素养；加强大学生体育观的转变，使学生树立体育是一种生活方式、生存动力的科学意识，提高学生对体育课的重视程度。

（四）注重经费投入

促进校园体育物质文化的发展需要加强相应的场地设施方面的建设，这需要相应的经费投入。

随着现代社会的不断发展，人们对体育活动的要求也逐渐提高，求新、求乐、求美成为很多学生的需求。体育经费投入不足是学校体育场馆设施建设落后最为直接的原因。对此，高校应转变观念，增加体育方面的经费投入，将体育设施作为评价校园教育环境的重要方面；建立相应的校园评估体系，将体育设施建设作为考核内容，促进学校在体育场馆实施方面的投入增加，从而形成高质量的校园体育物质文化。

（五）提高体育物质设施的利用率

随着人们生活水平的不断提高，大众体育人口将会逐渐增加。在这种情况下，高校应积极发挥体育场地设施资源优势，积极适应体育市场的发展，促进体育场馆的市场化经营，从而促进高校体育的发展；还应积极改善体育场馆的经营管理状况，提高体育场馆的利用效率，积极促进体育场馆设施的对外开放。

高校体育场馆的运营管理中，存在着学生和社会使用者之间的矛盾：学生要上课进行

健身训练，社会健身者也要使用体育场馆，这无疑形成了一定的矛盾。从长期来看，学校体育场馆应向居民收取一定的费用，针对不同的使用对象和时间段采用不同的收费标准。此外，高校在提高体育场馆的使用效率，促进体育场馆的市场化过程中，应杜绝以纯盈利为目的，应该在"以教学为主、创收为辅"的前提下进行。原因在于与公共体育场馆相比，高校体育场馆同样面临着多重任务，不能为了盈利而影响教学，但是也不能紧闭校门。具体而言，应注意以下两方面。

首先，高校在开放体育场馆时，应在时间的安排上有所侧重，避免与学生体育学习和锻炼的时间冲突。一般情况下，学生在节假日使用体育场馆较少，而社会大众在这些时间锻炼的时间相对较多。高校可利用这一特点，在这一时间段向公众开放体育场馆，满足大众的需求。另外，学生的体育课多集中在上午、下午，可在早晨、中午、晚上等时间段向社会开放体育场馆。

其次，高校在开放的运动场馆类型方面要有所侧重。高校的体育场馆应以满足学生的需求为主。在开放体育场馆时，可针对学生进行调查研究，确定学生喜爱的运动项目，在课余时间减少这些项目的体育场馆的开放，保证学生的运动健身锻炼。而对于学生参与人数较少的运动场馆，可增加开放时间。

当然，各高校可以依据自身的具体情况，合理地对体育场馆开放的时间和体育场馆的类型进行安排，但要做到整体规划、合理布局、细致安排，从而最大限度地提高体育场馆设施的利用效率，促进社会效益与经济效益的共同发展。

第三节　高校校园体育精神文化层建设

一、校园体育精神文化要素

体育精神文化是指人类借助体育或者以体育为依托的主观世界改造的活动以及产物。校园体育精神文化包括以下三个方面的内容。

（一）精神世界的物质内涵和行为准则

体育精神文化将体育物质文化和体育制度文化紧密相连，这是它与一般文化最基本的区别。例如，体育谚语、运动训练、体育器材、体育服饰等，这些都属于体育精神文化。此外，体育精神文化属于行为文化的范畴，它与体育物质文化和体育制度文化有着十分微妙的区别。就一件运动服装来说，从体育物质文化的层次，可以对它的质地、颜色等进行欣赏；从体育精神文化的层次，可以注意其展示的体育民族个性、审美情趣等因素。

在运动训练中，我们观察和注意的是它的外在身体运动的场面表现等体育物质文化；注意它的教学传授方式与人际关系等体育制度文化；注意它的训练原则与指导思想等体育精神文化。仅从一个角度和层面是无法将体育的物质文化、制度文化和精神文化区分清楚的，三者是紧密相连、密不可分的。

（二）通过体育改造人的主观世界的想法和打算

体育精神文化是指体育活动中所依附的思想意识形态的总称，如科学、心理、哲学、道德规范、审美观念、文学艺术等。体育文化中传承的社会心理、道德规范、科学、哲学、宗教信仰、审美评价和文学艺术等思想意识形态领域的反映，均属于体育精神文化。

竞技体育的文化价值是在弘扬主体精神、竞争观念、民族意识、科学态度等人类基础价值观念中体现出来的，它是体育精神文化的重要内容。例如，亚运会、奥运会上中国运动员拼搏进取、团结奋进、科学求实、祖国至上、争创一流的精神，中华体育精神等都是体育精神文化中的精华。

（三）通过抽象的声音、色彩等表现体育精神的艺术文化

人类把握世界不能仅靠物质和精神的单一形式，还要把握精神物化的产物。这些形式的文化，不仅有实实在在的物质表面，还蕴含着人类的情感、意志和灵魂。文艺是这类方式的杰出典范。体育活动具有直观、激越、宏大的特点，这些特点使它成为文艺表现的对象，如体育诗歌、体育小说、体育漫画、体育相声、体育小品、体育邮票、体育歌曲等体育文艺都归属于体育精神文化的范畴。例如，一幅体育漫画，我们可以从它的体育精神文化角度来探究它所表现出来的体育思想和情感。体育精神文化的这个层面属于艺术文化的一部分。

总而言之，体育精神文化是对体育活动中心理、审美、艺术等各种意识形态表现形式的总称。体育精神文化是体育文化中精神方面占主导的一部分，体育文化中所有对心理、审美、艺术等思想领域有表现的部分，都属于体育精神文化的范畴。竞技体育文化中所表现出的竞争意识、自主精神、科学观念等价值观念，也是体育精神文化的重要内容，团结奋斗、拼搏进取、为国争光的体育精神更是体育精神文化中的精华。

二、我国高校校园体育精神文化建设

体育精神文化在体育文化中占主导地位，是体育文化的核心。我国高校体育精神文化

建设应注意以下几个方面。

（一）树立正确的体育观

体育观是人们对体育存在的意义和价值的认识和看法，决定着体育文化的发展方向。树立正确的体育观对于高校校园体育文化的发展具有积极的意义。具体而言，师生应树立的体育观应包括以下六点。

1. 体育是生活的重要组成部分

现代化的生产方式促进了社会财富的发展，但也带来了一些不利的因素，如劳动方式的单调化、劳动密度的增大化、劳动过程的专门化等。另外，现代工作方式还使得人们运动不足，进而导致身体机能产生不适和身体局部劳损。

在这一环境下，体育运动逐渐成为人们生活的重要组成部分，其不仅丰富了人们的精神文化生活，而且促进了人们身心的健康发展，对于经济社会的发展和个人的提升都具有重要的意义。如今，体育运动已经成为人们日常生活的重要组成部分，成为人们的一种生活方式，与衣、食、住、行、用具有同等重要的意义。

2. 体育是竞争

竞争是现代社会生活中不可缺少的现象，竞争意识也是人们需要养成的重要思想意识。合理的竞争能够促进社会更好的发展，人们为了实现更好的生存和发展，需要具备竞争意识，并不断提高自身的竞争力。

对于现代体育运动来说，竞争是其重要的精神内涵，竞技运动最为鲜明地反映了这一特点。在运动竞赛中，处处体现了体力、智力与技能方面的竞争。可以说，体育运动是最为富有竞争性的领域。

体育运动中的竞争都是在严密、严格的规则和规程约束下进行的。体育的竞争注重公平和平等，最讲求规则，而且不徇私情。从这一意义来说，体育运动比赛的竞争能够促进参与者公平竞争意识的培养，使其能够以公平竞争方式应对生活中的考验。

在体育竞争运动中，参与者要想取得胜利，需要经过严格的锻炼，吃苦耐劳，勇于拼搏，不断提高自己的身体机能、心理水平、战术意识和团队精神。在体育运动比赛中，任何不劳而获的结果都是不允许的。因此，每位参与者只有通过不断的努力才能获得比赛胜利。

3. 体育是娱乐

现代体育运动既体现着竞争，又体现着娱乐精神，并且随着时代的发展，体育运动的功能会得到进一步的发挥。大众体育运动不同于竞技运动，它具有一定的休闲娱乐性，在进行该项运动时，运动者能够缓解生活和工作的压力，宣泄自身的情感。大众体育运动以追求自身情感的愉悦、兴趣的满足为重要目标。进行体育运动，人们内心的愉悦感会增加。而且，体育运动能有效改善紧张、困惑、疲劳、焦虑、抑郁和愤怒等不良情绪，有助于人们保持良好的精神状态。此外，体育运动比赛具有良好的娱乐功能，观看体育运动比赛能够使人心旷神怡，提高对运动美的欣赏能力。

4. 体育是消费

体育是一种重要的消费形式，现代社会"花钱买健康"的观念正逐渐深入人心。所谓"花钱买健康"，就是增加体育方面的投入，通过体育锻炼来促进身心健康发展。例如，参与运动健身俱乐部，需要向俱乐部支付相应的会员费；观看高水平的竞技比赛，需要支付相应的门票费；通过电视、网络观看比赛，需要支付相应的会员费。因此，学生应树立良好的体育消费观，为自我健康和自我发展进行积极投资。

5. 体育是完善个性的重要手段

人们在参与体育运动时，会在体力、智力和情感方面进行较多的投入，这能够使得人们发现自身在这几方面的缺点和优势，从而能够促进人们正确认识自己，实现个性的完善和发展。

体育运动为人的个性发展和张扬提供了更为广阔的演练空间，人们可以选择表现自己的个性，如塑造拼搏进取的人格精神、品尝胜利欲望的满足、追求内心的自我超越，或表现健康向上的生命力。

6. 终身体育观念

终身体育是现代体育教学的重要观念，人们在生产生活中也应该树立终身体育意识。体育运动不应仅限于人的某个发展阶段，而应在人一生的各个阶段都参与体育运动锻炼。体育具有终身性，这是由体育锻炼的规律决定的。个体在参与体育健身锻炼过程中所取得的一些健身效果并不是永久的，在停止健身之后，很多健身效果会逐渐消失。为了促进和保持体质健康，学生应坚持终身进行体育锻炼。

具体而言，终身体育观念包括两个方面的内容。

第一，学生应不断进行健身锻炼，促进身心的健康发展。

第二，学生应不断进行体育运动知识和技能的学习，促进终身体育能力的发展。

人体在不同的发展阶段，对体育运动锻炼的需求会有所不同。例如，在青少年时期，促进机体的生长和发育是体育锻炼的主要目的；而在中年阶段，延缓衰老和预防疾病的发生是体育锻炼的主要目的。由此可见，体育锻炼是一种需要长期坚持的过程。在高校体育教学中，应促进学生树立终身体育观念，不仅应使学生掌握一定的锻炼方法，还应使学生养成良好的健身锻炼习惯，获得终身体育锻炼所需要的能力。

（二）增强大学生的体育意识

体育教学工作的重要目的是培养学生的体育意识，使学生养成体育锻炼的习惯。体育意识对于体育教学实践的发展具有重要的意义，体育意识的培养也是科学构建校园文化的重要方面。要想增强大学生的体育意识，应从以下两点进行。

1. 转变教育观念，增强意识教育

在高校体育教学中，教师应培养学生自觉参与体育锻炼的意识，使学生受到良好的思想观念方面的教育，同时培养学生的终身体育意识。

2. 加强理论传授，综合培养体育意识

体育教学不应仅传授技能，也应注重知识、理论方面的传授。理论对实践具有重要的指导作用，加强理论的学习能够更好地促进学生掌握技能。在体育教学中，教师应注重体育运动规律、身体锻炼规律等方面的理论传授，做到理论与实践相结合，从而促进学生的综合提升和全面发展。

（三）弘扬体育精神

校园体育精神是校园体育文化的升华，对价值观念、行为、意识等方面都有深刻地反映。校园体育文化对学生具有重要的影响，置身于相应的校园体育文化氛围中，学生能够受到其潜移默化的影响，实现精神品质的提升，得到良好的教育效果。因此，高校应弘扬体育精神，激励学生不断实现自我提升和发展，主要可以从以下四点入手。

1. 民族精神的振奋

当前，体育运动对社会和个人的影响已远远超过其自身的体育运动范畴，它蕴含着深刻的文化和思想内涵。在我国体育运动发展史上，乒乓球运动和排球运动对国人的精神产生过较大的影响，对振奋民族精神起到过并且一直有着很重要的作用。因此，在体育教学中，教师应注重积极价值观念对学生的积极影响，促进学生民族精神的觉醒。

2. 创新意识的发展

创新意识是现代人所应具备的重要意识。体育教学应注重学生创新意识的培养。体育运动既是体力、技能的对抗，又是思维、智力的竞技，在一定程度上体现着创新精神。尤

其是一些球类运动，需要运动员根据实际情况灵活应对。优秀的运动员必须具备良好的思维能力、应变能力和创新精神。因此，创新精神也是重要的体育精神，在体育教学中应注重对学生进行创新意识和创新能力的培养。

3. 优良意志品质的培养

意志品质是指一个人的果断性、坚韧性、自制力以及勇敢顽强和主动独立等精神，是一个人行为特点的稳定因素的总和。在体育活动中，获得胜利的喜悦感不仅能够有效激发个体参与运动的强烈动机，还能激发个体勇敢拼搏的意志。另外，在进行运动训练时，会伴随着一定的生理不适，运动者需要积极克服，而且，运动水平的提高需要运动者坚持进行训练，顽强克服困难。这都要求运动者具备良好的、坚定的意志。因此，在体育教学中，教师应培养学生的优良意志品质，使其明白发扬拼搏精神，具有良好的果断性、坚韧性和自制力等是取得成功的重要保证。

4. 遵守规则意识的培养

现代社会竞争越来越激烈，每个人都在社会中生活，当个人行为与社会利益发生冲突时，就会受到"黄牌警告"或被"红牌罚下"。在体育运动比赛中，运动员必须遵循比赛规则，尊重裁判，尊重其他运动员，公平竞赛。这些规范要求不仅适用于所有体育活动，而且是每个公民应具备的社会素质。因此，在体育教学中，教师应积极促进学生遵守规则意识的培养。

另外，在体育运动比赛中，竞赛双方处于平等的地位，展开公平竞争。对此，在体育教学与训练过程中，教师应注重培养学生尊重对手的意识，并在生活中尊重他人。

（四）强化健康体育文化观念

校园体育文化建设要摆脱原有的以竞技体育文化建设为中心的建设观念，建立以健康体育文化观念为中心、多元化齐头发展的校园体育文化，积极开展各种以促进学生健康发展为目的，以健身、娱乐为内容的校园体育文化活动。例如，改革以竞技为主要内容的校田径运动会为校体育文化艺术节；把各种有利于学生身心健康的体育文化活动纳入校体育文化节，提高学生的文化底蕴；淡化竞技观念，强化健康、娱乐观念，降低体育文化活动对参与者身体素质和技能的要求，使校园体育文化活动成为大多数学生和教师能够参加，而不是只有少数体育素质好的人参加的体育文化活动。此外，在高校体育精神文化建设中应积极倡导健康的体育精神，如爱国主义、集体主义、拼搏进取精神和竞争开拓精神等，把体育精神与学风建设融合为一体，引导和促进学生形成正确的世界观、人生观和价值观。

（五）加强大学生体育诚信观念教育

在我国的文化中，道德对政治、法律、文学、体育等都具有深远的影响和重要的指导意义。从某种角度来看，道德常替代政治、法律发挥作用。中国文化的泛道德性，使体育成为教化民心的一种手段，即所谓的礼乐之治。现代奥林匹克运动的倡导人、法国教育家顾拜旦评价体育文化的价值时，曾说道："任何一个研究过古代奥运会的人都会发现其深远的影响在于两个基本因素：美和尊严。如果现代奥运会要产生我们期望的影响，它也是应该显示美，激发出人们的宗教热情，一种能无限制地超载我们今日最重要的体育竞赛所表现出的任何东西的美和尊严。"①

正是体育这种"美和尊严"内在的价值和体育竞赛提倡的公平竞争观念，使每个参与校园体育文化活动的个体都在创造美、感受美；使每个参与校园体育文化活动的个体心灵得到感化，情操得到陶冶；使每个参与校园体育文化活动的个体学会尊重他人，尊重自己，在公平竞争的框架上与对手既竞争又协作，从而超越体育竞争本身的意识，获得对手及人们的尊敬，促进体育精神文化的发展。

因此，高校在建设丰富、先进的校园体育精神文化时，要注意加强大学生的体育诚信教育、体育道德行为规范，培养其养成健康良好的生活习惯和行为方式；还要加强学校体育制度制定的公平性及其执行过程中的公正性和规范性，促进校园体育精神文化建设。

（六）提高学生的体育素养

所谓体育素养，是指人们习得的体育知识和技能、为人处世的态度以及借此形成的正确的体育认识和价值观。具体而言，体育素养包括四项内容。

第一，体育知识，如身体锻炼知识、体育保健知识、运动竞赛规则知识等。

第二，运动技能，如各项运动的基本技能以及参与运动比赛的能力。

第三，体育意识，即学生对于体育的认识和理解。

第四，体育兴趣和习惯。

在体育教学中，教师应促进学生综合素质的提升，促进学生体育文化素养的提高。通过提升学生的体育文化素养，促进学生的全面发展，这是素质教育的重要目标。

文化在社会上传播需要相应的载体，人即为文化传承的重要载体。体育文化的发展依赖于人对体育文化的传承和发展，而学生在体育文化传承中扮演着重要的角色。因此，学

---

① 李丹丹. 顾拜旦 [M]. 北京：国际文化出版公司，2019：211.

生应充分发挥自身才智，积极学习和研究体育文化，在不断丰富自身的同时，实现体育文化的发展。

（七）培养良好的体育行为习惯

促进学生形成良好的体育行为习惯是校园体育精神文化建设的重要内容。校园体育文化具有良好的育人功能，通过组织各种各样的体育运动，能够促进学生体育参与意识良好的体育行为习惯的养成，这对于学生终身体育意识和能力的培养与发展具有积极的作用。因此，在体育教学中，教师应积极鼓励学生参与各种形式的体育活动。

第四节 高校校园体育制度文化层建设

一、体育制度文化要素

体育制度文化是人类以体育运动的方式进行自我完善的制度产物，是调节与规范体育活动中人们各种关系的规章制度与组织机构。体育制度文化是人们在体育活动实践中形成的一种文化，富于动态且具有稳定性，主要涉及以下内容。

（一）各种组织机构

组织机构是人类社会逐步发展的产物，能够使人类群体的力量得到合理和高效的发挥。无论是人类的个体活动，还是集体活动，都离不开组织机构的作用。作为一种人类改造自身和促进社会发展进步的文化产物，体育活动已经成为各种社会组织不可缺少的一部分。体育制度文化的形成离不开世界体育组织、大洲体育组织、国家体育组织、民众体育组织、学校体育组织、运动竞赛组织等组织的贡献。为使体育运动真正向着合乎体育文化规律性的方向发展，在成立各种体育机构时，就必须考虑社会背景，同时更多地关注体育活动发展组织化的需要和需求。

（二）体育活动的原则和制度

在制度文化体系中，组织机构的原则和制度决定着组织的性质、活动方式和发展方向。具体来说，体育制度文化是指体育文化活动中人们自身构成的文化，它是一种动态的、稳定的文化成果，主要包括体育社会的政治、法律、组织、制度、体育伦理道德、风俗习惯、群体风尚、民族语言和民族教育等方面的内容。体育制度文化来源于对体育活动实践和体育精神领域的思考，是体育制度文化体系中作用最为突出的组成部分，是统领体育一般规范与体育机构的桥梁。体育制度不健全会影响体育机构的建立和完善，体育产业制度不完善对体育经营管理活动的顺利进行有着制约作用。因此，只有不断地进行改革、更新和完善，才能改善体育的发展状况。

（三）体育运动中的组织形式

在社会中，人们所扮演的角色和地位不仅由人的能力所决定，也由不同组织形式的活动需要的角色所决定。在体育运动中，也有很多不同的角色，如裁判、教练、队长、队员等和单败淘汰制、单循环制、交叉淘汰制等赛制，这属于体育制度文化中最基本内容。在体育运动中，对角色有着原则性的区分，如运动队中的队长一职是由技艺高超或号召力强的运动员担任的；对赛制有着明确、严格的规定，虽然有时可以根据参赛队伍的多少来调整比赛制度，但在大多数情况下，比赛的赛制是固定的、严肃的。

二、我国高校校园体育制度文化建设

校园体育制度文化是校园体育物质文化和校园体育精神文化的中层，也是校园体育文化建设的重要方面。高校校园体育制度文化建设应从以下几个方面入手。

（一）结合实际，建立健全高校体育规章制度

高校体育规章制度是各高校根据学校自身的实际情况，依据国家制定的确保学校体育活动实施的行为准则。高校体育规章制度制定的目的是：完成国家有关体育法规规定的体育教学任务、训练与竞赛以及群众体育活动的开展；继承与发扬学校优良的传统体育文化，使学校的校园体育文化具有一定的特色，对人才培养产生一定的影响。鉴于此，各高校体育规章制度必须与学校体育实践紧密结合，解决学校体育所面临的问题，规范学生和高校教育工作者的体育行为，以及指明学校体育的发展方向。

要想实现以上目的，就要求在制定法规过程中，既要处理好当前与长远的关系，又要处理好需要和可能的关系，促进学校体育事业的发展。一般来说，普通高校的体育规章制度主要有：①体育课堂常规，主要内容是规范在体育课堂教学过程中教师的教风和学生的学风，以及一些体育知识学习方面的特殊要求；②运动场馆、体育设施、器材管理制度，主要是规范运动场馆的管理，内容主要包括固定的运动场馆开放与关闭时间，进入运动场馆的一些特别要求和注意事项，体育设施与器材的维护与更新等；③运动竞赛制度，主要

是规范课余训练和校内外体育比赛的管理，内容包括教练员、运动员守则等；④学校体育发展规划，主要是根据学校体育发展趋势，制定符合学校自身发展的体育基础设施建设规划、师资力量培训规划、体育课程改革规划等。

总的来说，健全与完善高校体育各项规章制度，目的在于规范高校体育实践，使其做到有法可依，有章可循。

（二）以人为本，力求高校体育制度人性化

高校体育规章制度的制定是为了更好地服务于高校体育的发展。体育和哲学一样，都是关心人的学问，哲学是从人的价值、意义等方面入手，关心人生命的意义，而体育是从人的生命健康的角度，关心人身心的发展和优化人的生活方式，是对人的生存发展的基本关怀。中国的体育文化蕴含了丰富的人文精神，2008年北京奥运会提出的"人文奥运"理念是人们对体育文化的人文精神的深刻认识。校园体育文化在本质上是一种以广大人民群众生存、享受、需要为出发点、归宿点和最高价值目标的人文精神，蕴含着一种人文目标，昭示着一种人文价值理念。

高校作为教育的专门机构，其主要的职能就是通过各种途径组织形式对学生进行教育，促进学生整体素质的发展。高校所有体育文化活动都是围绕"育人"宗旨开展的，以促进参与主体（学生）全面发展为目的，使其形成科学的世界观和方法论，树立正确的人生观和价值观，使校园体育文化与高等教育结合成有机的整体，对广大师生起到潜移默化的教育作用。高校体育规章制度要想体现人性化，就要求所有制度的制定都应从教育的角度出发，培养学生坚强的意志、团结协作的精神，提高学生的体育文化素养，使学生在体育活动中接受教育，体会成功的感觉。

在强调高校体育规章制度制定的人性化的同时，高校也要注意加强对规章制度的宣传和普法，重视"立法"与"实施"并行。由于历史和社会等客观因素，人们对体育规章制度的法律意识不强。许多个体甚至单位不把政府制定的体育规章制度当一回事，随意地破坏和践踏学校体育规章制度。因此，当务之急是要对教师、学生进行学校体育法规知识教育，提高其法治意识。同时，高校要加强学校体育规章制度执行力度，成立专门的机构督促和监督学校体育规章制度的贯彻落实，逐步树立"有法可依，有法必依、执法必严，违法必究"的观念，增强学校体育规章制度的实效性。

（三）责任到人，切实发挥高校体育文化部门的职能

我国学校体育从中央到地方都实行教育行政部门和体育行政部门的共管机制，体现出

体育与教育交织的双重性特征。在学校内部对校园体育文化建设进行管理或协助管理的部门有体育教学部、学校行政部门、校医院、后勤部门、学工部、校团委、宣传部、校工会、学生体育协会等。正是由于部门太多，职能界定不清，导致校园体育文化建设过程中的多头管理，各自为政，办事效率低下，而且各部门的工作主要是围绕体育教学和训练与竞赛而开展。高校体育文化的健康发展必须有科学、合理的组织、管理体系作为保障。

高校体育文化组织、管理体系可分为两个层次：一是根据校园体育文化发展需要成立的专门的校园体育文化建设部门，它主要由学校各相关职能部门组成，如校体育运动委员会；二是具有相同兴趣、爱好和追求的学生群体自发成立的学生体育社团，如各项学生体育协会。这些部门要根据校园体育文化的功能和特点，使其与知识性、专业性、娱乐性相结合，使自发与指导恰当地统一起来。

首先，学校各级行政职能部门要重视校园体育文化建设，对校园体育文化建设做出总体发展设计，按各部门的职责进行分工，分别指导与落实。在开展校园体育文化活动时注意坚持教育性、创造性原则，充分发挥校园体育文化的功能。组建与培养一支校园体育文化建设的骨干队伍，保证社团组织的连续性；并能与时俱进，不断地从事研究，指导和具体组织校园体育文化活动。其次，学校各级行政职能部门要积极支持、热情扶持、适时引导大学生体育社团建设。大学生体育社团具有较强的影响力和广泛的群众基础，能组织丰富多彩的校园体育文化活动，为广大师生提供发展个人爱好、展示自我的平台，通过社团组织的灵活多变的活动促进大学生树立共同的目标和价值追求。需要注意的是，引导与扶植大学生体育社团建设时，相关部门要切实加强管理，制定社团的宗旨和章程，理顺组织体系，建立民主、平等的人际关系，构建浓厚的民主气氛，注重加强学生主动学习能力的培养。

（四）贯彻体育法规，改进管理理念和管理手段

体育教学虽然在我国发展多年，但是一直以来并不被重视，长期处于被冷落的地位。改革开放以来，我国积极推进素质教育及教育改革，并多次强调体育在素质教育中发挥的重要作用，校园体育文化建设已经成为校园文化建设的重要方面。

高校要想建立相应的体育文化，就需要积极贯彻落实相应的体育法规，积极改进体育教育管理的理念，创新体育教育管理的手段。同时，高校应根据自身的实际情况将相应的政策法规落到实处，制定切实可行的发展规划，使校园体育文化具有自身的鲜明特色。

（五）优化体育教学

大多数学生认为体育课的教学内容与自身的心理发展水平不符合，体育课的教学内容

多为在低年级时已经学过的内容，学生并不能感受到高校体育教学的意义。因此，有必要促进体育课的改革与优化。具体而言，优化体育教学应注重以下几方面的问题。

1. 优化体育教学内容

高校体育教学应从学生的个体需要出发，提高学生的学习兴趣，教学内容应强调终身性、娱乐性和健身性，满足学生学习和将来工作的需求。近些年，人们的自我意识逐渐增强，学生的个性化发展尤为明显。如果在体育学习中，学生感受不到体育教学的积极意义，就会产生枯燥、厌烦的心理体验。为激发学生的学习兴趣，高校应积极促进体育教学内容的革新。

随着体育运动的发展，一些新的体育运动项目不断涌现，而高校学生对于新兴的、娱乐性强的体育运动项目兴趣更浓厚。对此，高校可吸收一些新兴时尚的特色运动项目，将其作为学校体育的教学内容。另外，我国各民族传统体育项目各具特色，且有良好的健身价值，在未来的体育教学中完全可以根据当地民情对其进行适当的开发和选用。

需要注意的是，高校体育教学在注重运动实践的同时，还应注重理论课的安排，促进理论与实践的统一。

2. 优化体育教学手段和方法

现阶段，我国高校体育教学应积极转变教学方法，实现师生之间、学生之间的互动。

学生的学习过程是内部活动和外部活动的综合体现。内部活动，即学生的心理活动以及相应的生理生化反应等方面；外部活动，即学生的动作质量、情绪、注意力等方面。在选择相应的体育教学方法时，教师应注重这两者之间的配合。同时，教师也应善于分析学生的内外活动变化，把指导学生外部活动的方法与激发学生内部活动的教学方法有机结合起来，以促进学生主动积极地参与体育教学活动。

在体育教学中，教师应注重现代科技手段的运用。例如，多媒体教学软件的使用能够辅助体育教学活动的开展，且运用时机较为灵活。多媒体教学软件是一种可以对某项体育运动进行有针对性的讲解和示范的教学手段，通过对关键点的示范和讲解，抓住动作的关键部分，反复播放这些难点动作，达到突出重点、难点动作的目的。另外，手机 App 应用五花八门，体育运动健身类的 App 也有很多。教师在开展体育教学时，可借助手机 App，增强运动训练的趣味性，并实现师生之间的实时互动。总之，以多媒体软件为代表的现代体育教学手段的应用，不仅可以有效提升体育教学的直观性和准确性，而且可以弥补在一些较有难度的动作技术上示范不标准的缺陷，极大地提高体育教师的教学效率。

（六）课余体育俱乐部和体育文化节的建设

课余体育俱乐部和体育文化节的建设是校园体育文化的重要形式，对学生的影响较为显著，是校园制度文化建设的重要方向。具体而言，校园体育俱乐部和体育文化节的建设应注意以下两点。

1. 高校课余体育俱乐部的建设

（1）课余体育俱乐部的优势

校园内的课余体育俱乐部是近年来非常流行的体育课外活动组织形式，学生可以根据自己的体育特长、兴趣爱好自愿加入组织。课余体育俱乐部有组织、有管理，有专人指导，有经费支持，具有一定的导向性，活动效果好，深受学生欢迎。

课余体育俱乐部无论是在锻炼时间、锻炼活动方面，还是在锻炼的实效性方面，都比体育课强。建设高校课余体育俱乐部还能够更好地促进体育教学目标的实现，因此其在高校得到了快速推广，并成为校园体育文化的热点。

课余体育俱乐部吸引学生积极主动地加入，激发学生体育活动的兴趣和进行体育锻炼的积极性，推动校园体育的发展，使得更多的学生投入体育运动，在体育活动中增进相互了解，促进学生组织活动能力、沟通交往能力和团队协作能力的发展。

（2）高校建设课余体育俱乐部的策略

课余体育俱乐部对校园体育文化的发展具有积极的推动作用，高校各领导和部门应对体育俱乐部给予高度重视。高校应积极引导体育俱乐部的建设，并为体育俱乐部开展各种体育活动提供场地和时间等方面的保证，促进体育俱乐部的发展。体育教师应积极引导学生的体育活动，使体育俱乐部从单纯的运动技能学习发展为多方面体育活动的开展，促进学生体育文化素养的发展。

校园体育俱乐部应积极满足学生的个性化需求，实现课内与课外体育的统一。对于学生，可适当收取相应的会员费用，以维持俱乐部的运转。为了避免校园体育俱乐部的无序发展，高校的团委、学生会等部门应对其进行相应的管理，实现其健康有序发展。一些发达国家的高校体育俱乐部发展相对成熟，如德国，其校内的体育俱乐部也加盟了社会的体育协会，成为社会体育组织的组成部分。我国各高校在发展校园体育俱乐部时，可以积极学习和借鉴国外的发展经验，将国外的成功经验与高校的实际相结合，从而走出具有自身特色的发展道路。

2. 高校体育文化节的建设

我国各高校每年都会举办校运会，这是检验学校体育教学成果的重要形式。虽然校运会具有积极的意义，但是也存在诸多问题，最为重要的问题是参与人数较少。对此，高校应积极推动校运会的改革，提高学生的参与兴趣，使更多的学生参与进来。具体来说，高校应积极拓展校运会，将其发展成体育文化节，增强其在学生中的影响力。通过延长其时间，拓展其空间，发展其活动形式，使其内容更加丰富多彩，吸引更多的学生参与其中。

"体育文化节"包括的活动有体育专题报告、体育讲座、体育知识竞赛、体育表演、运动会、体育游戏等，主要有校园"体育周"和校园"体育日"（健康日）等形式。

校园"体育周"是指集中利用一周时间，对学生进行课余体育训练，或组织各种宣传教育、锻炼、运动会等活动。针对校园体育节的管理，学校应将体育节活动列入学校整体体育工作计划，并成立临时性指挥机构对体育节期间的体育活动进行组织与管理。在管理过程中，要注意取得各有关方面的支持与配合，并做好充分预备与准备工作。"体育周"结束后，学校相关部门应注意做好后续管理工作。

校园"体育日"通常与有意义的节日或体育形式（重大的国际、国内的体育活动）相结合，一般会占用一天或半天的时间。在"体育日"期间，学校可组织开展专题性的体育主题活动，开展体育教育和锻炼；既可以组织全校性的活动，也可以根据年级、班级组织体育活动。

需要注意的是，对于优胜者应采取合理的奖励办法，避免进行直接的金钱奖励，可增设多种奖项，以积极鼓励学生参与其中为原则。例如，可设立参与奖、鼓励奖等，积极鼓励学生参加。

总的来说，高校体育文化节应从各个方面进行创新，激发和培养学生的体育兴趣，提高其体育参与意识。另外，还应使每个学生都能够具有平等参与的机会，举办全校体育的盛会。

（七）积极开展和承办各类体育赛事

开展和承办各类体育赛事有利于高校间互通信息，增进沟通与交流，促进了解，提高办赛水平，活跃体育文化氛围，丰富校园文化生活。在各种类型的体育赛事中，最为我们所熟知的当属中国大学生篮球联赛，即 CUBA。CUBA 是中国大学体育协会主办的高校间篮球联赛，是中国历史上第一次面向社会、面向高校的大学生专项运动联赛，CUBA 的影响力仅次于中国男子篮球职业联赛（CBA）。

CUBA 联赛共分为四个阶段：预选赛、分区赛、十六强赛和四强赛。每年 9—12 月，各省、自治区、直辖市、特别行政区所在地各高校组队进行预赛，比赛具体时间、地点及比赛办法均由各省、自治区、直辖市、特别行政区的体协，CUBA 联赛组委会分会领导下的 CUBA 联赛预赛承办单位领导小组确定。基层预赛必须以学校为单位进行。通过 CUBA 的宣传，学生对体育运动，尤其是篮球运动的关注大幅提升，使越来越多的学生参与其中，有利于良好体育文化的形成。

总的来说，我国应积极开展一些类似于 CUBA 篮球联赛的赛事，积极推动体育文化的传播与发展。在开始阶段，举办大型赛事较为困难，高校之间应加强联合，积极开展校际比赛。同时，教育部门应与体育部门积极进行合作，推动全国性大学生体育联赛的开展。

（八）适当开展户外运动

我国地域辽阔，有着丰富的户外运动资源，为人们提供了良好的运动场所，高校可积极利用所在地的这些户外运动资源。我国具有广大的湖泊和水库面积，可以开展多种水上运动；我国的森林面积和山地面积广博，可以开展野营、登山、徒步旅行及冬季项目等；我国河流众多，海岸线漫长，可以开展游泳、划船、冲浪、野营及沙滩排球等活动。

此外，野外生存活动和户外拓展训练是颇受人们欢迎的运动项目，其不仅能够使人们充分体验自然环境的美好，还能使人们掌握野外生存的各种技能，强身健体，提高人们的生存能力。如今，很多中小学都开始开展了野外生存活动，对于学生素质的全面发展具有积极的作用。高校也应适当开展户外运动，积极推动学生"走向自然，征服自我"。

（九）利用校园网络，丰富校园体育文化生活

现代社会，网络是一种重要的工具，为人们提供了各种各样的资源。在体育教学中，为了促进体育网络课程的发展，高校应注重软件与硬件资源的开发与利用。

硬件设施是基础，应对硬件资源进行规划，合理利用。一些高校正在对无线校园进行规划，校园的网络容量与传输质量主要取决于硬件资源的完善情况。硬件资源不同，容量与传输质量自然不同。网络课程的开发也会涉及手机网络及其他移动网络，因此高校要与相关网络的供应商建立联系、密切配合。

在网络课程开发中，硬件资源必不可少，但软件应用产品也同样重要。软件资源囊括了体育教学中所有的教学及互动内容。体育网络教学平台由各类软件资源整合而成，师生在这一平台上可以实现良好的互动。从现有的高校体育网络课程来看，网络教学平台中的板块主要涉及体育教学视频和课件、体育比赛视频赏析、师生交流和互动平台、体育论坛。

（十）组建体育运动队

加强校园体育文化的建设应积极推动高校体育运动队的建设，使高校形成强势运动项

目，吸引全校师生的目光，使该项目成为师生关注和讨论的焦点，发挥其促进体育文化发展的带头作用。例如，组建篮球运动队并积极进行训练，一旦在 CUBA 联赛中有所作为，必然会得到师生的关注，提升学生投入篮球运动中的热情。

通常情况下，高校体育运动队的训练是由专门的体育运动训练教练或专门的训练部门负责管理的。在组建运动队时，不仅要确定好训练项目，选拔参训运动员、指导教师，还要制定相应的规章制度。具体而言，高校运动队的组建应注意以下四点。

1. 确定训练项目

组建运动队首先要确定训练项目，否则后续工作无法开展。高校的体育活动基础、师资力量、场地器材等是确定训练项目要考虑的重要问题。

2. 选拔运动员

高校课余体育训练的主要目标是为国家和社会培养优秀的后备体育人才，因此选拔优秀的体育人才是一项非常重要的工作。目前，我国在选拔体育人才时常用的测试指标主要有身体形态指标、生理机能指标、身体素质指标等。

3. 选择指导教师

在体育运动训练中，选择指导教师是非常重要的一部分。合格的指导教师不仅可以提高运动队的训练效率，还能促进训练目标的实现。在很多高校，指导教师或教练员都由本校的教师担任。如果条件允许，高校也可以聘请业余体校的教练或体育俱乐部的教练作为指导教师。

4. 规章制度的建立

要想进行系统完整的体育运动训练，必须有比较完备的规章制度。高校体育训练工作要想顺利开展并取得预期的效果，也需要有一定的规章制度作保障。通常情况下，需要建立的规章制度有很多，比较重要的有训练制度、奖惩制度、比赛制度、教练员责任制度和学习检查制度等。

第七章 高校体育文化环境建设

第一节 高校体育文化建设的原则与要求

大量的实践证明，一个良好的校园体育文化环境对于体育教学活动的顺利开展及教学质量的提高有着至关重要的作用。身处浓厚的体育文化氛围下，可以激发学生的学习兴趣，提高主动参与体育运动锻炼的意识，这对于学生终身体育意识的养成具有非常重要的作用。校园体育文化环境的建设涉及诸多方面，在建设的过程中也要讲究一定的策略与方法。

一、校园体育文化建设的原则

（一）主体性原则

在校园体育文化建设的过程中要时刻遵循"以人为本"的基本原则，即主体性原则。学生作为学校体育教学活动的主体，也是校园体育文化的创造者和受益者。因此，在建设校园体育文化的过程中要充分围绕学生这一主体进行。在现代教育背景下，以往的传统教育已很难适应现代教育的要求，过去单一向学生教授运动技能或知识的观念和做法需要做出一定的改变，当前新型的素质教育更加注重学生全面素质的培养和提高。作为校园体育工作人员要充分意识到这一点，充分秉承全面素质教育的理念，以学生为主体，培养学生正确的体育价值观念，本着公平、公正、公开的体育原则，激发学生学习的兴趣，促进学生各方面的发展和提高。与此同时，体育教师在组织学生参加体育活动的过程中，还要有意识地让学生了解体育运动的组织方法和运行规律，培养学生体育活动组织方面的能力。

总之，在现代教育背景下，为迎合学校素质教育的改革，必须本着学生主体性这一原则，以学生为核心，努力为学生创造一个良好的体育文化氛围，这能为学生的发展以及学校体育教育提供重要的帮助。

（二）与时俱进原则

任何事物都是始终处于不断变化和发展之中的，没有绝对一成不变的事物。在人类社会中，新鲜事物的出现都会影响整个社会的变革与发展，社会文化也是如此。可以说文化是时代的产物，每种文化都有其固定的一面，但随着时代的发展，文化也会随之发生改变。校园体育文化也是如此，如 20 世纪 80 年代兴起的"排球热"，20 世纪 90 年代的"足球热"都说明了这一现象。

进入 21 世纪，随着社会生产力的逐步提升，人们的生活观念也发生了一定的转变，人们在追求物质富裕的同时也更加重视精神上的富裕，追求真正的身心健康。在这样的时代背景下，作为社会亚文化的校园体育文化，也要与时俱进，与社会同步发展，作为学校体育的管理部门及领导，要充分认识到这一点，做好校园体育文化建设。

（三）统筹协调原则

校园体育文化的内容非常丰富，在加强校园体育文化建设的过程中要本着系统性以及统筹兼顾的原则进行。只有做到各方面统筹兼顾，其建设过程才能有序、顺利地进行。一般来说，统筹协调的原则主要体现在以下两个方面。

1. 软件与硬件的协调

软硬件结合主要是指与校园体育文化有关的软件与硬件之间的协调与配合。其中，硬件主要包括学校体育场地、器材、设施与设备等；而软件则包括师资力量、体育精神、体育制度和体育行为规范等内容。这两方面缺一不可，都属于校园体育文化建设的重要组成部分。

在校园体育文化建设的过程中，工作人员不应过分偏重于某一方面，而是要尽量做到软硬兼施，统筹兼顾地做好两方面的协同发展，这样才能使校园体育文化始终保持在一种平衡的状态下发展，从而实现理想的建设效果。在建设的过程中往往会存在着各种各样的问题，如学校的硬件设施比较完善，但软件设施却有所欠缺，这时候优良的硬件设施只能作为展示实力的摆设。相反，如果学校的组织内容多样、制度完善，但硬件设施相对落后，那么，所谓的组织计划、规章制度都成为一种空谈。由此可见，"硬"是"软"的基础，"软"是"硬"的条件，要将两者协调起来发展，这样才能提高校园体育文化建设的水平，达到事半功倍的效果。

2. 课堂教育与课外活动的协调

在现代校园中，体育教育的形式主要有课堂教育和课外活动两种形式。因此，在进行校园体育文化建设的过程中，要以这两种形式为基础。

在我国各级各类学校中，体育课都是重要的必修课，一般来说，体育课又分为室内课和室外课两种形式。前者主要是体育理论课，后者主要是体育实践课。其中，理论课主要讲授体育文化知识，以及与体育运动相关的运动医学、运动保健学、运动营养学等基本理论。室外体育课则以实践为主，主要传授学生体育运动技能、体育游戏方法等内容。总体来看，体育实践课所占的课时比例远远高于理论课，理论课只占很小的一部分。

课外体育活动极大地丰富了校园体育文化体系，促进了校园体育运动的发展，因此，它也是校园体育文化建设的重要内容。相对于体育课，课外体育活动的内容更加丰富、时间更为充足，形式多种多样，属于体育课的有益补充，因此，它有着强大的生命力，也受到广大学生的欢迎和喜爱。

相对于体育课，课外体育活动能充分地满足学生的个性需求。但是，课外体育活动也并不是盲目和无序的，也需要一定的理论知识和运动技能做基础。因此，学生在参与运动锻炼时，首先要学好理论课，以理论指导实践，用实践补充与完善理论知识，两者是相互影响、相互促进的关系。

二、校园体育文化建设的要求

（一）物质文化建设要安全、实用

1. 安全性

在参加学校体育活动中，尤其是课外体育活动，有时会发生一定的安全事故，这与健康体育的安全理念是相悖的。因此，在进行校园体育物质文化建设时要重点强调运动的安全性，要经常检查体育场地与体育设施、体育器材等，确保这些体育设施的安全性，以为学生参加体育活动提供良好的安全保障。

2. 实用性

在修建体育场地时，要注意器材与场地的实用性，尽最大可能满足学生的体育需求。而不能只注重场馆场地的美观性而忽略了实用性，造成资源的浪费。

（二）组织形式要多样化

我国大部分学校的校园体育活动主要包括运动会、体育课、课间操等几种形式，但是随着时代的不断发展，这些活动已难以充分满足学生的个性化需求。在建设校园体育文化的过程中，体育活动要丰富多彩，活动内容要健康并有一定的娱乐性，也就是说，校园体育文化的建设要多元化，而多元化的发展要通过多样化的组织形式来实现。多样化的体育活动组织形式能为学生提供更多的选择，满足学生的多样性需求，激发学生参与体育运动锻炼的积极性。

（三）内容要有娱乐性和健康性

1. 娱乐性

在现代社会背景下，竞争越来越激烈，在校园中也是如此，学生面临着较大的学习压力和就业压力，精神上长期处于紧张状态，长此以往难免会出现一定的心理问题。因此，参加体育活动锻炼就成为一种有效缓解学生身心压力的良好途径。经常参加校园体育运动，其运动本身的娱乐性能使学生消除紧张心理，放松身心，不仅能使学生获得心理的愉悦和享受，还能促使学生以积极乐观的心态投入日常生活和学习之中，从而提高学习效率，获得全面发展。

2. 健康性

"健康第一"是当今学校体育教育的重要理念。处于青春期的学生，经常参加体育运动锻炼能有效促进身体发育，保证身体健康。而校园体育文化建设要为学生营造一个健康的体育环境，需要注意以下几方面的要求。

①要建设良好的体育物质文化，主要包括体育场地、体育器材、体育设施等建设。

②要有雄厚的师资力量，拥有一支高水平的体育教师队伍。

③要建立一个科学、健全的校园体育健身模式。

④要构建一个浓厚的校园体育文化氛围。

此外，处于青春期的学生，具有很强的可塑性，因此，在建设校园体育文化的过程中还要向学生宣传正确的体育意识，促使其树立正确的体育观、人生观和价值观，帮助其养成良好的体育健身意识与行为。

（四）要持之以恒

学生要想实现增强体质、掌握运动技能、建立终身体育理念的目标，就要持之以恒地接受体育教育，坚持长期如一地参加体育运动锻炼，否则是不可能实现的。因此，在建设校园体育文化的过程中需要对学生进行必要的指导和宣传，指导其持之以恒地进行身体锻炼。

另外，在进行校园体育文化建设的过程中总会出现各种各样的问题，这些问题的出现通常带有时代性的因素。所以，只有长期坚持校园体育文化建设，持之以恒地指导学生参与体育运动锻炼，才能应对和解决各种问题，促进学校体育教育以及学生的全面发展。

第二节　高校体育文化建设的内容与途径

一、校园体育文化建设的内容

一般来说，校园体育文化建设主要有体育课、课外体育活动、课余体育训练、体育竞赛、体育文化节等内容。

（一）体育课

1. 田径

田径被誉为"运动之母"，在学校体育教学中占据着非常重要的地位。通过田径课教学能帮助学生充分了解田径运动，理解田径运动的价值与内涵，使学生了解田径运动的基本原理和特征，掌握田径运动基本技能与运动方法，学习田径组织与竞赛方法。田径教学内容既与田径运动技能有直接联系，同时又与人的竞争心理有着密切的联系。因此，应从文化、竞技、心理等多方面去理解，合理安排田径内容教学，做好田径课建设。

2. 体操

体操是一种发展人的力量性、协调性、灵活性等能力的最为有效的运动项目之一。在体操悠久的发展历程中，它始终与人克服各种外界物体的心理欲求有着重要的联系。通过体操课教学，应使学生了解体操运动的内涵与价值，明白体操基本原理与特征，掌握体操锻炼方法及注意事项，能科学、安全地参加体操运动锻炼。

在体操教学中，体育教师选择教学内容时要充分考虑学生的竞技、心理、生理等方面，遵循循序渐进和因人而异的原则进行教学，切实提高学生的运动技能。

3. 球类

在学校体育教学中，常见的球类运动主要有足球、篮球、排球、乒乓球、羽毛球、网球等，这些项目深受学生的欢迎和喜爱。通过这些项目的教学，学生能掌握各项球类运动的基本知识，以及运动技能和训练方法。体育教师在教学的过程中，若要筛选出适合教学的内容比较困难。如果只是对单一技术进行教学，不仅不能进行顺畅的比赛和应用，而且也会在一定程度上打击学生学习的积极性；而若想整体对技术进行详细讲解则需要的时间又较长，不符合体育教学的现实。因此，如果要想开展好这些球类运动项目的教学，必须通盘考虑，把握教学重点。

4. 民族传统体育

我国民族传统体育的内容非常丰富，其中武术内功、导引气功等是重要的学校体育教学内容。通过民族传统体育教学内容能使学生充分认识与了解民族传统体育的发展情况与内涵，能使学生充分理解中国的"武德"精神，并教会学生民族传统体育项目的基本功和一些主要动作。

要保证民族传统体育教学的质量，需要一定的教学时间，因此在教学过程中要讲究实效性。对于普通学生而言，民族传统体育中的一些基本功不是一朝一夕能够习成的，需要坚持长期的运动训练才能实现一定的目标。体育教师在传授教学内容时应根据学生的心理特点强调教学内容的文化性、实用性，确保教学活动的顺利进行。

5. 韵律运动

一般来说，韵律运动主要包括健美运动、民间舞蹈、健美操、体育舞蹈等内容。在进行体育教学的过程中，体育教师应从审美观培养、舞蹈音乐理论介绍、感情表达能力培养和健身效果等多方面来考虑，以上教学内容的安排要合理和恰当，依据学生的身心特点及运动水平设计教学手段与方法。

（二）课外体育活动

1. 教师的课外体育活动

教师是校园体育文化建设的重要主体，因此开展针对教师的课外体育活动也是十分必要的。营造一个良好的校园体育文化氛围，可以促进师生间的有效互动。

教师的课外体育活动内容主要包括以下两个方面。

（1）有利于缓解身心的体育活动

一般来说，在校园中教师的压力还是比较大的，而经常参加一些如登山运动、春游等体育运动，可以有效缓解教师的压力，消除心理疲劳，形成良好的精神面貌。

另外，还可以组织一些体育比赛，如教师田径竞赛、教师排球联赛、教师健美操比赛等体育活动，可以促进教师的身心发展。

（2）师生间的体育比赛

通常情况下，教师上课还是比较严肃的，学生与教师之间存在着一定的距离感，而通过参加师生之间的比赛，师生共同处于一个平等的地位，学生可以充分发挥自己的个性，不仅提高了运动技能，还加强了师生间的沟通与交流，这对于增强师生关系具有非常重要的作用。

2. 学生的课外体育活动

（1）全校活动形式

全校活动这一形式规模比较庞大，影响力相对较大，而且可以进行统一领导与指挥，操作起来比较方便，也为活动的组织与管理者的工作提供了一定的便利。一般来说，全校活动形式主要有以下作用。

第一，有利于促进班级、年级之间的共同学习与进步。

第二，有利于增加学生的爱国主义与集体主义教育。

第三，有利于培养学生遵守纪律意识和集体荣誉感。

需要注意的是，全校活动的开展会受到诸如场地、组织、学生等因素的影响，需要活动组织与策划者通盘考虑。

（2）班级活动形式

班级活动这一形式，自由灵活、限制因素较少、便于组织管理，因此受到教师的青睐。一般情况下，班级活动主要以教学班为单位，由班级体育委员负责组织，其他部门及人员负责协助配合。班主任与体育教师在其中起指导作用，以确保班级活动的顺利开展。

（3）小组活动形式

小组活动可以根据学生班级、学生性别、学生兴趣等因素自然分组，如可以根据学生的兴趣爱好成立篮球组、羽毛球组、武术组等。各组通过投票选出组长，各小组在组长的带领下开展体育活动。

（4）团体活动形式

团体主要是由体育兴趣爱好和特长相同或相似的学生自发组成的。通过在同一团体内参加体育活动，学生能加强彼此间的沟通与交流，体验到团队合作的成功与快乐。

一般来说，团体的组织都比较松散和自由，团体内的成员也不固定。团体成员既可以是本班与本年级的学生，也可以是其他班与其他年级的学生。另外，团体活动也没有固定的活动时间和地点。这一形式比较自由、灵活，学生可以根据自己的兴趣、爱好、体育需求等情况自由参加，能有效地激发学生自觉参与运动锻炼的积极性，有利于学生终身体育意识与习惯的养成，有利于学生身心的全面发展。

（5）个人活动形式

个人活动是指学生根据自己的体育兴趣爱好与需要，根据体育锻炼的方法要求，自觉自愿选择体育锻炼项目。个人活动这一形式充分反映了学生体育意识的觉醒，有利于学生养成良好的体育锻炼习惯，实现终身体育的目标。

通常来说，参加个人活动的学生大都是有着不错运动基础的学生或者体育锻炼积极分子，在学校中，可供学生个人活动的内容是十分丰富的，学生可以根据自己的爱好和兴趣自由选择体育项目。另外，作为体育教师，要积极引导这部分学生进行活动，使他们的特长充分发挥出来，为其他学生树立良好的体育锻炼榜样，积极带动其他学生获得发展。

（6）俱乐部活动形式

近些年，体育俱乐部已成为我国学校课外体育活动的重要组织形式。一般来说，体育俱乐部主要有单项俱乐部和综合俱乐部两大类。体育俱乐部的限制性较小，学生可以依据自身的兴趣与爱好自愿加入，其目的各有不同，有些学生是为了增强体质，发展体能；有些学生是为了掌握和提高某项运动技能；还有些学生是为了休闲娱乐，提高人际交往能力。但不论如何，体育俱乐部都设有专门的组织管理和专业教练指导学生开展俱乐部活动。

（三）课余体育训练

课余体育训练是指为了发展部分在体育方面有一定天赋或有某项运动特长的学生的体能和身心素质，提高他们某项运动的技术水平，利用课余时间，以运动队、代表队、俱乐部等形式对他们进行的较为系统的训练，其目的是为我国的竞技体育培养高质量的后备人才。

通过课余体育训练，学生能有效提高体育认识，增强身心素质，提高运动技能，培养良好的体育道德作风和顽强的意志品质，为接下来的专项训练打下良好的基础。

具体来说，学校课余体育训练应该具有以下三个方面的作用。

①促进学生体能发展与运动能力的提高。处于青春期的学生，身体发育正处于一个关键时期，在这一时期参加体育运动训练，能促进生长发育，有利于提高人体素质和各项运动能力。

②课余体育训练应是学校培养高素质人才的补充措施。通过长期的课余体育训练，能为我国体育运动队或群众体育提供高素质人才。

③课余体育训练应完善学生道德品质和提高其精神意志力。学生接受课余体育训练应受到爱国主义、集体主义和社会主义教育的熏陶，培养学生良好的意志品质。

(四) 体育竞赛

一般来说，在校园中开展体育竞赛主要有校内竞赛和校际竞赛两种形式。

1. 校内体育竞赛

开展校内体育竞赛的目的在于培养与提高学生运动能力，促进学生个性发展，创造良好的校园体育文化氛围。体育竞赛开展的对象是全体学生，主要采用大众化的组织形式和比赛方法展开竞赛活动。

按照组织形式的大小，可以将校内体育竞赛分为校级体育竞赛、院级或年级体育竞赛、班级体育竞赛等形式。竞赛的项目主要有田径、各项球类运动、健美操等。此外，还可以举行一些小型的游戏形式的比赛，如接力赛、拔河赛等，以吸引更多的学生参与其中。与校际体育竞赛相比，班级体育比赛更为灵活，便于组织开展，是校园体育文化建设的重要手段。

2. 校际体育竞赛

组织与开展校际体育竞赛的主要目的在于促进校际间的体育交流，加强学校与社会间的交流。世界大学生运动会是校际比赛中级别最高的赛事，通过参加这种比赛，学生可以充分向全世界展示自己的运动能力，在获得胜利喜悦的同时收获自信心，增强爱国主义和集体主义精神。

(五) 体育文化节

校园体育文化节的举办不仅极大地丰富了学生的课余文化生活，而且有效地传播了学校的体育价值观，因此受到师生的热烈欢迎。体育文化节的主要载体是体育活动，主要目标是"健康、快乐、文明"，重点是培养师生的体育道德素养，营造良好的校园体育文化氛围。体育文化节的各项活动面向全体学生开展，为学生参加体育活动提供良好的机会，学生可以在参与体育活动的过程中充分展示自我，实现自己的个性化发展。

体育文化节也可以在节日里举行，也可以分教职工、学生两组进行比赛，这样不仅能充实师生的节假日生活，还能增进彼此间的关系和友谊。

二、校园体育文化建设的途径

（一）培养校园体育文化建设参与者的体育意识

1. 提高领导的校园体育认识

在当前我国校园体育文化建设的过程中，应将首要任务放在提高学校领导的体育认知上，要转变校领导的体育观念，充分认识到校园体育文化建设的重要性，要从财力、物力、人力等方面大力支持校园体育文化活动的开展。

2. 提高体育教师的体育意识

体育教师是校园体育文化的传播者和指导者，其在校园体育文化建设中发挥着至关重要的作用。在校园体育文化建设的过程中，体育教师对体育文化建设的认知程度、重视程度以及执行力等方面都存在需要加强的地方。

应提高体育教师对校园体育文化的认识，端正其教学态度，增强其校园体育文化建设的责任感。在体育教学与课外体育活动开展过程中，体育教师应重视培养学生的体育参与意识，引导学生积极主动地参与校园体育文化建设活动。

3. 提高学生的体育意识

学生是学校体育教学活动的主体，同时也是校园体育文化建设的重要参与者，采取必要的措施和手段提高学生的体育参与意识是十分必要的。

①充分利用校广播、体育宣传栏等手段来宣传体育知识和体育精神，营造良好校园体育文化环境。

②组织学生进行体育学习，充分激发他们的爱国、爱校热情和民族自豪感。

③大力开展体育知识讲座，组织各种形式的体育竞赛，激发学生学习体育的热情。

（二）加强校园体育课程建设

1. 理论课建设

体育理论课建设属于校园体育文化建设的重要内容。体育教师要采取必要的措施和手段宣传体育思想、丰富学生体育文化知识，激发学生参与体育运动的乐趣。

（1）提高学生的体育文化修养

体育理论课教学应将重点放在使学生全面、系统掌握体育知识，认识体育文化方面，从根本上提高学生的体育文化修养，这是校园体育文化建设的关键。

（2）丰富理论课教学形式

在当前学校教育及体育新课程标准下，体育教师有较大的发挥空间，应结合本校客观条件和学生的具体实际开展各种形式的体育教学活动，促进学生的全面发展。

（3）改变传统教学模式

在现代体育教学中，体育教师要推陈出新、善于改革，要打破传统的师生关系与教学模式，本着"以人为本"的原则进行教学，充分发挥学生的主体地位，提高学生学习的积极性。

2. 实践课建设

体育实践课是指组织学生进行身体活动练习的课堂教育。体育实践课属于一门运动学科，它受不同年级、性别、地域的影响，具有较强的层次性和实践性特点。

在进行校园体育文化建设的过程中，学生要具有一定的运动基础，这样才能充分融入其中，起到事半功倍的作用。要充分发挥体育实践课的作用，不断提高学生的体育运动水平，为其参与各项体育文化活动奠定必要的技能与体能基础。

其一，学生在实践课中，难免会出现一定的错误动作，这时就需要及时纠正。学习运动技能要遵循由慢到快的原则，同时教师还要结合学生的个人特点，因人而异地开展体育教学活动，促使每位学生都能掌握运动技术，提高运动水平。

其二，体育运动中正确的动作离不开体育教师的讲解与示范，教师要指导学生积极参与其中，多学多练。

（三）加强校园课外体育文化建设

课外体育文化活动是校园体育文化建设的重要内容，因此要引起重视。校园体育文化活动的开展主要有以下两种形式。

1. 体育知识讲座

体育知识讲座的内容多种多样，涉及多个方面，如体育与健康、运动保健、运动营养等，通过体育讲座的学习，学生能极大地丰富自己的体育文化知识，提高体育锻炼的科学性。

一般来说，体育知识讲座的讲师既可以是本校教师，也可以是本校聘请的知名体育学者、运动员、教练员等；应定期或不定期举行，以保证学生的参与热情。

2. 体育知识竞赛

在校园体育文化开展的过程中，体育知识竞赛也是重要的手段。一般来说，体育知识竞赛有不同的形式，如现场口头抢答、笔试，或者是二者的相结合等。

（四）加强校园体育竞赛义化建设

我国各级各类学校每年开展的春季运动会和秋季运动会是重要的体育比赛形式，也是校园体育文化建设的重要组成部分。现阶段，我们应在保证原有运动会的基础上，进一步优化校园体育运动会的质量。

1. 改革传统运动会

很长一段时间以来，我国各级院校的体育运动会项目主要以田径为主，综合性的体育运动会变成了单项运动会，针对以上情况，学校体育部门的领导要进行不断的改革与探索，丰富竞赛内容，注重体育赛事的娱乐性及学生的参与性，提高校园体育运动会的参与度。

2. 加强体育竞赛管理

在校园体育文化建设的过程中，要想举办一场高质量的体育竞赛，就必须重视体育赛事的运作与管理。

（1）校内体育竞赛的管理

校内体育竞赛属于小型的体育赛事，在进行组织与管理时应做到以下三点。

第一，要保证校内体育竞赛的长期开展，以建立和形成体育竞赛的良好传统。

第二，要充分考虑本校的具体实际，如场地设备、学生爱好等情况，合理组织与安排体育赛事。

第三，加强体育竞赛宣传，引导学生积极主动地参与比赛。

（2）校际体育竞赛的管理

校际体育竞赛的开展对于校园体育文化建设也具有重要的意义，它有助于师生集体荣誉感与凝聚力的培养，能有效促进师生的共同发展及学校体育教育的发展。

（五）加强校园体育特色文化建设

我国地域辽阔，民族众多，每个民族或地区都有自己特色的体育文化，因此，在开展校园体育文化建设时，要结合本校所处地区的地理位置、气候条件等，积极开展具有特色的体育文化活动。

就大城市的学校来说，可以充分利用体育资源丰富的优势，积极开展一些体育知识讲座、体育文化表演等活动，以丰富学生的业余文化生活。

就偏远地区而言，大部分学校普遍存在着资源短缺的情况，这时就需要尽可能地充分利用独特的自然地理条件，开展一些适合本地区的户外体育活动，如登山比赛、划船等项目。

（六）完善校园体育文化组织队伍

任何有利于校园体育文化建设工作的人员都可以加入其中，如学校领导、体育工作者、一线教师等，他们是校园体育文化活动的重要力量。

1. 加强体育教师的能力培养

师资力量在校园体育文化建设中发挥着至关重要的作用，因此，要不断完善以教师为核心的校园体育文化组织队伍，培养和提高体育教师的综合能力。

体育教师的责任重大，对校园体育文化建设有着直接的影响。体育工作是脑力劳动和体力劳动相结合的工作，因此体育教师工作具有双重性的特点。体育教师既要合理地组织课外体育活动，又要不断完善自己的体育科学研究水平，促进自身素质的全面发展。作为体育教育主管部门和校领导应充分满足体育教师的合理需求，为教师组织教学活动创造一个良好的教学环境。

2. 突出学生的主体性

学生不仅是体育教学活动的主体，而且是校园体育文化建设的主要力量，在开展校园体育文化活动过程中，要充分彰显学生的主体性地位，尤其要充分发挥学生体育骨干的带头和示范作用，为其他学生树立榜样。

在校园体育文化建设的过程中，体育教师应有意识地培养学生体育骨干，培养和提高这些学生的主人翁意识和责任感。此外，体育教师还应鼓励学生自发组织体育活动，充分感受校园体育文化氛围，并针对当前学校体育文化的建设与发展特点，结合自己需求建设校园体育文化。

3. 提高体育领导者的管理能力

学校领导在校园体育文化建设中起着重要的带头与指导作用，能统筹整个文化建设活动的进行，因此建设一支运筹帷幄的领导者队伍是非常重要的。

在校园体育文化建设中，真正的决策权在管理者队伍中，其建设的方向和思路从根本上受领导者的影响，因此，在开展校园体育文化活动时必须提高体育领导者的管理和领导能力，否则容易误入歧途，难以取得理想的体育文化建设效果。

（七）规范校园体育文化活动管理

在新的教育背景下，制定一个强有力的约束机制和规章制度，对强化在校师生的体育意识和行为，促进校园体育文化建设具有重要的意义。

校园体育文化活动管理要想得到规范和落实，首先就要有一定的政策和规章制度作保障，然后结合本校的具体实际有针对性地执行规章制度。

其次，一个科学、完善的组织管理制度能有效地限制和规范学生的体育学习行为，是创造良好体育文化环境的内在动因。因此，有必要加强学校体育各项资源的规范与管理，加大各项规章制度的执行力度并建立一个健全和完善的监督体系，以保证规章制度的贯彻与执行。

（八）优化校园体育物质文化环境

校园体育文化主要包括体育物质文化、体育精神文化、体育制度文化和体育行为文化几个部分，其中物质文化是基础，对于校园体育文化的建设起着重要的基础性作用。在新的教育背景下，要想做好体育物质文化方面的建设，就要努力提高体育物质资源的利用率，重视校园体育物质资源的开发与管理。

1. 加强体育设施的教育性

加强体育设施的教育性，即赋予体育设施一定的教育性，使学生在无人指导时也能安全地参加体育运动锻炼。加强体育设施的教育性，可以从多方面做起，可以为体育设施设立"说明牌"，指导学生科学、有效地参与体育运动锻炼。

2. 合理规划体育设施空间

在校园体育物质文化建设的过程中，要合理、充分利用学校的空间，合理地布局体育场地，以保证体育活动的顺利开展。要构建一个良好的学校体育文化环境，应科学安排与布置体育场馆与基础设施，运动场内保持干净、整洁，体育展览室、体育宣传窗的设计要美观大方、吸引人。只有注意每个环节或细节的设计，才能吸引学生更加积极地加入体育锻炼的队伍之中。

（九）拓展校园体育文化建设外延

要创设一个良好的校园体育文化环境，离不开家庭、社会、学校等多方面的支持，只有加强多方面的联系与合作才能实现既定的目标。

1. 家庭体育文化建设

家庭教育对于学生而言非常重要，学生在入学前或入学后都会受到家庭教育的影响。家庭环境影响人的一生。通常情况下，学生处于一个有体育锻炼习惯的家庭之中，更容易养成体育锻炼的良好习惯。

在家庭之中，家长起着重要的示范和主导作用。一般来说，具有一定体育运动基础的学生，比没有接触过体育运动的学生更容易进入学习状态。可以说，家庭体育教育属于基础性的教育，创设一个良好的家庭体育文化氛围尤为必要。

2. 社区体育文化建设

社区在校园体育文化建设过程中也发挥着一定的作用。在现代社会背景下，社区已成为人与人之间联系的一个重要基层区域，社区组织在群众社会活动中发挥着重要的作用。

当前，全民健身的理念日益深入，各种各样的健身活动如雨后春笋般涌现出来，这体现着人们对健康以及对体育运动的追求。社区体育作为全民健身的重要内容，成为社区文化的重要组成部分。

就学生与社区的关系来说，学生不仅是家庭成员，也是社区成员，一个良好的社区体育健身氛围能影响到学生的体育意识与体育行为。学生也可以成为社区体育中的一员，跟随人们一起参加社区体育运动锻炼。

在学校中，学生参加体育活动面对的是同学和教师，而在社区中，面对的则是不同年龄段、不同职业、不同受教育程度的群体。通过参加社区体育健身活动，学生能有效提高与人交往的能力，这对学生今后参加学校中的各种活动也是一种能力的促进。

目前来看，参与社区体育运动活动的人越来越多，但是缺乏一定数量的社区体育指导员，而学生在学校接受的是正规系统的体育教育。因此，具有"一技之长"的学生还可以在社区体育活动中充当社区体育指导员的角色以指导人们科学地参与体育健身，这样学生既能获得成功的体验和喜悦，反过来也能激发学生更加积极地参与学校体育活动。

此外，在校园体育文化建设的过程中，还可以加强其余社区体育的联系与合作，实现体育资源的共享，二者相互促进，共同发展。

第三节 高校体育文化环境建设的策略

一、加强校园体育物质文化建设工作

物质文化，是指经过人们对自然物质的组织、改造及其利用而形成的文明现象。物质文化建设属于校园体育文化建设的重要内容，在整个校园体育文化体系建设中占据着至关重要的地位。

随着现代社会的不断发展，以及学校体育教育的需求，校园体育功能的多元化趋势越

来越显著。学校体育教育的发展对于学校体育基础设施建设提出了更高的要求，这就需要学校体育教育相关部门加大这方面的投入力度，做好体育场馆、体育设施等的物质文化建设。

在现代社会背景下，随着学校对现代设施功能的开发利用以及层次的不断提高，开发、使用、管理和维护校园体育物质文化也产生了一些新的问题。因此，要加强对体育设施的维护与管理，尽可能充分发挥出体育设施的效益及功能。

总的来说，要想加强校园物质文化建设，需要注意以下三个方面：第一，做好体育实施空间的合理规划；第二，充分整合校园体育物质文化资源以发挥其效用；第三，彰显校园体育设施的教育性，发挥其教育功能。

（一）做好体育设施空间的合理规划

在校园体育文化建设中，体育建筑、体育雕塑、体育场地设计等本身就属于一种文化现象，都属于体育意识文化的载体，凝聚着人们的思想、知识和智慧。通过这些体育设施都能体现出人们的价值观、意志、情操等，从而对人们产生潜移默化的陶冶作用。

因此，在进行校园体育物质文化建设的过程中，要充分利用学校的空间，对体育场地进行合理地布局，并因地制宜地开展各种校园体育文化活动，做好校园体育基础设施的建设。在建设体育场馆时，要进行科学精细的安排和布置，要保证整齐洁净，以使体育场馆的设计达到使用功能和审美需求的和谐统一。

（二）充分整合校园体育物质资源

整合校园体育物质资源，实际上是指将短缺的资源进行合理的分配。学校已经具备的场馆以及器材是现有的资源，可用的、废弃的都包含其中，只是对待的方式不同。具体来说，对于可用的，要积极地利用起来；对于废弃的但经过添置配件或维修仍然可以继续使用的，要积极对其进行资源的再利用，并将节省出来的资金投到其他方面的体育建设上；对于废弃的且以后不能够再使用的器材，要及时处理掉，以方便今后的管理；对于破旧的、有问题的体育场馆，要进行还原和修缮，以使所有的体育资源都能得到合理而充分的利用。

①充分利用现有的体育器材和体育场馆等资源。

②做好现有体育资源的维护，重视体育资源的再利用。

③及时处理废弃的体育器材和设备，避免体育资源的浪费。

④应加大资金投入，搞好体育资源建设，以充分满足学生的体育需求。

⑤加强体育物质资源的管理与维护，尽量减少损耗率，延长其使用寿命。

随着现代教育的不断发展，学校体育教育也对学生提出了较高的要求，这就要求学校相关部门及领导必须加大对学校体育基础设施建设的资金投入力度，做好体育基础设施建设，以充分满足学生的体育学习与运动锻炼需求。

（三）彰显体育设施的教育性

为了加强校园体育物质文化建设，对体育基础设施赋予一定的教育性是非常有必要的，这对于激发学生学习的兴趣，培养其主动参与体育锻炼的意识与喜好具有至关重要的作用。

一般来说，加强体育设施的教育性，可以采用以下途径与方法。

第一，在校园中设立一些体育雕塑，并在雕塑旁标明其个人简历及所获得的荣誉，为学生创造一个浓厚的体育文化氛围。

第二，在体育器材与设备旁边设立"说明牌"，简要说明活动项目的名称以及活动的方法与作用等，以便能让学生有目的地进行健身活动，从而促使其体育文化素质得到进一步发展和提高。

二、加强对校园体育意识文化的培养

一般来说，校园体育意识主要反映深层次的体育思想观念，它属于一种体育价值取向和信念，具有极强的渗透力，弥漫在整个校园环境因素与群体之间，形成一种浓烈的体育精神氛围。因此，加强校园体育意识文化的培养具有非常重要的意义和作用。

（一）有效转变领导的固有观念

在校园中，学校体育管理部门及领导一般都比较重视学校竞技体育运动队的成绩，从而对学生运动员的训练装备进行改进，但对于校运会以及体育文化节的组织筹办却关注不够，长此以往，校运会就会逐渐丧失其体育功能。因此，学校体育相关部门及领导，应积极转变观念，并充分认识到校园体育文化的作用，而不是将衡量该学校体育工作开展情况的标准定为一个学校的竞技成绩的唯一因素。

（二）着重培养体育教师的体育意识

体育教师在校园体育文化的建设中起着非常重要的主导作用。而且教师对校园体育文化的认识程度，对其主导作用的发挥有着直接的影响。

在培养和提高体育教师体育意识的过程中，最为重要的是端正他们的教学态度，使他们增强对建设校园体育文化的责任感，并积极地制定相关的工作条例对教师的体育工作进行督促。另外，体育教师也要勇于实践，善于创新，创造性地解决教学中遇到的各种难题。

（三）培养和提升学生的体育意识

学生的道德观念、体育精神等是对校园体育意识文化的集中体现。在建设校园体育意识文化时，应充分发挥宣传工具的作用，可以利用校园广播、体育宣传栏对体育知识、我国体育健儿为国争光的事迹以及学校体育健儿参加各级比赛的拼搏精神进行宣传，并展示国家以及学校运动健儿参加各种比赛的精彩图片，进而激发学生爱国、爱校的热情和自豪感；可以利用学校体育网页的制作、体育知识讲座以及黑板报等形式，传播体育知识，激发学生学习体育运动的兴趣。

此外，增强学生对体育的兴趣也对提高他们的体育意识有着重要的作用，而让学生产生对体育的兴趣的最佳方式是让他们参加体育竞赛。但是，体育竞赛的参加人数是有限的，不可能让所有的学生都通过参加体育竞赛提高其对体育的兴趣。因此，提高学生观摩比赛的能力就会显得尤为必要。

在学校体育教学中，学生观摩比赛能力的提高，需要通过教师课堂的传授或是专题的讲座、同学间的交流，让他们了解项目的基本规则、技术特点、项目的发展历史、曾经在该项目获得辉煌成绩的运动员，进而提高学生对体育的兴趣，同时也陶冶他们的情操。

三、加强校园体育制度文化建设工作

校园体育文化要想得到健康发展，少不了相关政策与制度的支持。因此，加强学校体育管理体制的建设，营造一个良好的校园体育制度文化环境对于校园体育文化的传播与发展具有至关重要的作用。

（一）建立负责制度建设的专门性机构

在学校中，体育教学部是负责学校体育文化活动组织管理工作的主要部门。因此，建立由体育教学部统筹管理的校园体育文化建设专门机构，有利于在整合、优化学校各部门的体育资源的同时，保证校园体育文化建设工作的顺利进行。

（二）加强体育文化活动管理工作

在开展学校体育工作的过程中，体育教学部首先要在明确群体工作的范围、内容的基础上，确立群体工作的具体管理部门，并设立群体工作的专门管理机构和学校校园体育文化活动的专门宣传机构。此外，学校的体育教师由于没有群体工作量的要求，参与群体工作的积极性不高，因此，还要从制度环节规范体育教师的群体工作，制定一个科学和完善的管理规章制度。这对于保障校园体育文化建设工作的顺利进行具有重要的作用。

（三）重视特色校园体育文化的建设

一所学校在体育方面形成并延续着带有普遍性、重复出现的相对稳定的一种独具特点的文化形态，表现出自觉、经常的基本特征，并具有教育、导向、规范、凝聚和激励的力量，即一所学校的体育文化的传统和特色。

在建设有特色的校园体育文化的过程中，受地域、环境、气候、师资力量等因素的影响，校园体育文化建设的具体思路也应有所不同。各学校要结合自身的具体实际去丰富和完善校园体育文化内容，形成自己鲜明的特色文化。

四、加强校园体育文化外延的建设

校园体育文化在形成与发展的过程中总是潜移默化地受到家庭和社会的影响。因此，在建设校园体育文化时，要将学校、家庭和社会三者统一起来进行，只有各方面共同努力，才能营造一个良好的校园体育文化氛围与环境。

（一）加强学校图书馆建设

体育教学资源是校园体育文化建设的重要辅助手段，学校体育的发展需要充实的资料作为基础，而图书馆就是重要的资料来源。因此，加强学校图书馆建设至关重要。学生在平时的学习中，图书馆中的相关书籍就成为学生解决问题最有效和最直接的方法。

（二）培养家庭体育文化意识

大量的事实表明，家庭教育对学生的发展具有非常重要的意义。家庭可以说是学生的第一个教育环境，学生在成长与发展的过程中离不开家庭教育环境，家庭生活对学生体育价值观的形成也起着重要的作用。因此，培养家庭体育文化意识，加强家庭体育教育是促进校园体育文化建设的重要辅助手段。

1. 营造良好的家庭体育文化氛围

一个良好的家庭体育文化氛围不仅有利于家庭的和睦，还能在一定程度上促进学生体育爱好的形成。为了给孩子树立一个良好的榜样，家长应积极参加体育锻炼，努力营造一个良好的家庭体育文化氛围，在这样的环境下，学生更容易建立自觉参与体育锻炼的意识，养成终身体育运动锻炼的习惯。

2. 加强家庭成员体育文化意识的培养

在一个家庭之中包含很多家庭成员，加强家庭成员的体育文化意识的培养对于学生体育价值观的形成与发展具有重要的意义。在平时的家庭生活中，必须加强培养家庭成员尤其是家长的体育文化意识，家长也要加强与学校的积极互动，积极沟通与交流，为学生营造一个良好的家庭体育文化氛围。

（三）加强社区体育文化建设

社区是指进行一定的社会活动，具有某种互动关系和共同文化维系力的人类群体及其活动区域。社区是我国城市建设的重要内容，也是社会的一个重要单位。学生是家庭的成员之一，同时也是社区的一员，在平时的生活中也会受到社区体育的熏陶，因此加强社区体育文化的建设对于学生而言也具有重要的作用。

1. 尽可能地为学生创造良好的锻炼平台

随着全民健身理念的日益深入，参加社区体育运动的人也越来越多，目前已形成了浓厚的社区体育健身氛围。社区体育健身的内容有很多，这进一步丰富了学生体育锻炼的内容，也为学生参与社区体育健身营造了广阔的空间。

2. 对校园体育文化建设给予大力支持

学校在组织学生参加体育活动时，可以充分利用社区的一些条件，将学校的体育文化建设扩展到社区中，从而进一步扩大学生的体育活动空间。因此，在平时的教学中，体育教师也要鼓励学生积极参与社区体育活动，给予大力的支持。与此同时，社区体育活动也可以走进校园，与学校体育相融合与发展，进一步营造校园体育文化环境与氛围，促进校园体育文化的建设。

第八章　体育教学与体育文化的融合与发展

第一节　体育教学改革中的文化动力

一、体育教学改革的文化动力本质

这里主要从外部文化矛盾、内部文化矛盾、体育课程改革的文化动力本质三个方面进行分析。

(一)外部文化矛盾

外部文化矛盾，作为影响体育课程改革的一个重要方面，可以说是推动体育课程改革的"支点"。

物质文化是人类文化中最基本、最常见的构成部分，它是一个非常丰富的领域，涵盖了人类几乎所有的生存需要。在人类的文化世界中，物质文化的发展速度最快，它比制度文化和精神文化经历了更多、更为频繁的变化、革新、改进、更新。特别是在工业革命以后，人类创造的物质财富比 5000 年前人类创造的财富总和还要多。除去经济因素直接作用在体育课程改革之外，通过物质文化的变化，人们对于教学设备（器材）的依赖之强，对于教学手段的革新之快，都达到了前所未有的水平。

同具有明显的外在性的物质文化相比，制度文化在整个文化世界中是一个更深层次的文化。它以物质文化为基础，主要满足人的更深层次的需求，即由于人的交往需求而产生的合理处理个体之间、个体与群体之间关系的需求。制度文化对于体育课程的影响力更多显现在体育领域。当前，竞技体育与其他体育领域如何协调发展，成为困扰中国体育的最大难题。而作为我国传统意义上体育三大支柱之一的学校体育（体育课程），在我国体育事业改革进程中，如何定位、如何发展、如何突破自身，都是未来体育课程必须面对的问题。

精神文化起源于人类在满足自己最基本的生存需要时，超越这些最基本的需要而产生的新的需要，这是一种创造性的和自由的需要。因此，在文化层面中，最具有内在性、最能体现文化的超越性和创造性本质特征的是精神文化。精神文化深刻地体现了人的文化超越自然和本能的创造性和自由的本性。

不难看出，物质文化、制度文化和精神文化分别从不同侧面影响着体育课程改革，但同时，我们更应该注意到，它们之间的种种作用或者说矛盾也在不同程度地影响着体育课程改革。

（二）内部文化矛盾

促进体育课程改革的动力源是内部文化矛盾。综观体育课程改革的整体环节，自始至终教学占有核心地位。相对复杂的矛盾体是体育教学的本质，其中教师和学生相辅相成、教与学相辅相成，进而组成教学整体。在体育教学中，有不同的矛盾，这些矛盾之间相互作用，体育课程改革的文化动力由此形成。

1. 教师与学生

在体育教学的全过程中，学生占有主体地位，这就要求学生必须充分发挥自主性。

首先，在参与体育学习的全过程中，学生要达到四个方面的要求：①积极参与体育活动；②可以利用以前学到的体育知识与体育经验，认知新知识和新技能；③可以将外界教育的影响同化；④能够主动吸收、改造、加工体育知识，优化和组合新旧知识体系。

其次，学生要具备较好的自主性，能够独立自主地安排自身学习策略，能尽可能地自我支配体育学习活动、自我调节与控制体育学习活动。

最后，学生可以把自己在想象力、变化能力以及创新能力等方面的潜力有效发挥出来，实现探究性学习。

需要注意的是，学生学习的主体性很可能被强化教师主导地位这一举措削弱。分析传统教学活动可知，这一举措突出发挥教师主导性，教师负责教、学生负责学，教师教学过程是对学生单向培养过程。在传统教学过程中，课堂主导者是教师，教学主体是教师，统一性是教学过程中的重要特点，学生的个体差异性时常被忽视。

当前，师生间的矛盾不再是普通的矛盾关系，已涉及社会价值观、教育理念等文化中的核心问题，并不是依靠几次课程改革就可以解决的，必将伴随着课程的发展而发展。正是由于这种矛盾的存在，才使得体育课程总是处于一个动态的过程中，在成为体育课程改革的重要矛盾的同时，也成为体育课程改革的主要动力来源。

2. 教学目标与教学评价

体育教学目标是指在一定的活动空间和时间内学校体育实践所要达到的预期结果，是学校体育目的的具体化，表示学校体育应培养什么样的"人才"。体育教师是体育教学目标的制定者，灵活性特征和实用性特征是体育教学目标的重要特征。体育教学目标的作用体现在两个方面：一方面，体育教学目标决定着体育教学的方向；另一方面，体育教学目标指导着具体教学过程和活动的方向。可以说，在体育教学过程中，体育教学目标扮演着出发点与归宿的角色。

体育教学目标在高校体育教学设计环节中占有核心地位，其他方面的设计均需围绕其展开。因此，在设计体育教学目标时，教师必须考虑学生的身心发展情况，采用先进的技术手段，通过定性测评或者定量测评来及时调整体育教学目标。

教学目标与教学评价之间的矛盾始终伴随着体育课程的发展。一方面，这一矛盾对体育课程的教学目标提出了很高的要求：德、智、体、美、劳全面发展，身心健康等，一直贯穿整个体育课程改革的发展史。另一方面，在教学评价的过程中，这一矛盾又总是刻意强调一个明确具体的评价结果，并试图用一种总结性的评判给出一个明确的"成绩"，这就将体育课程的教学目标与教学评价推向了矛盾的对立面，从而促进了体育教学改革。

3. 学生与教学方法

矛盾也存在于学生和教学方法中。理想的体育课是深受学生喜爱、能够充分满足学生运动需求的一门课程。体育课不仅是开展体育运动，而且作为一门课程，它具备特定的学科体系，应该将其教育功能充分发挥出来。因为只有刻苦学习，学生才能掌握众多技术动作，所以体育课的两大重要组成部分是痛苦和快乐。

（三）体育课程改革的文化动力本质

所谓本质，是事物所表现出的稳定的、一贯的特征，是事物自身所固有的特殊性。体育课程改革的文化动力是由体育课程改革内外部各种相关文化因素之间的诸多矛盾构成的，促进和推动体育课程周而复始地运行和发展，推动我国体育课程改革的文化"驱动力"。从 20 世纪至今，我国进行过多次体育课程改革，采取了多种思想来指导体育课程改革。纵观这些改革的成果不难发现，真正使体育课程走向正规化、科学化，推动学科发展，将体育课程纳入良性发展轨道的还是中华人民共和国成立以后的历次体育课程改革。而中华人民共和国成立后我国所有体育课程改革的指导思想都是马克思主义关于人的全面发展理论，并且均取得了良好的效果。因此，就目前而言，我国体育课程改革的文化动力本质是马克思主义关于人的全面发展理论在不同时期的不同解读。

在现代学校教育中，发展体育最重要的手段就是体育课程，这也就奠定了体育课程在学校教育中的重要地位。因此，深入分析马克思主义关于人的全面发展理论，可以看到体育课程改革的文化动力具有以下的本质特征。

1. 由多种文化分力构成

体育课程改革的文化动力是由多种文化分力所构成的文化合力。体育课程改革是一个极其复杂的过程，不可能由某一种作用机制来完成，因此，体育课程改革的文化动力是一种合力，是由多种文化分力组成的。在诸多作用力的共同牵制下，体育课程在一种动态平衡的状态下时，体育课程呈现给我们的是一种平稳发展的过程。但是，一旦这种平衡遭到了破坏，哪怕是一个很小的环节之间的平衡被打破，体育课程都会处于一种"震荡"之中，必须做出相应的调整来适应这种变化，也就是我们通常所说的体育课程改革。而这种调整并不总是能够"一步到位"的，它需要反复不断地适应、调整，在实际的体育课程发展过程中，这种现象是经常发生的，这也就导致体育课程改革的频繁发生、不断反复。

2. 由诸多文化因素之间的矛盾产生

体育课程改革的文化动力是由外部环境中的文化因素和体育教学内部诸多文化因素之间的矛盾作用产生的。如果为了研究方便，用二元论的视角人为地将体育课程改革的文化割裂为内部文化和外部文化因素的话（事实上这是根本不可能做到的，也是不符合客观事实的），就可以很清楚地意识到，正是内外部之间文化因素的矛盾，成为体育课程改革的文化动力源。当体育课程的内外部信息进行交流与转换时，由于内外部的文化信息本质和属性的不同，导致这种信息流的不对称现象发生，破坏了体育课程的平衡，迫使体育课程发生一系列改革，尽可能使之对称，从而推动体育课程的发展。

3. 主动力与次动力

分析体育课程内部文化和体育课程改革的关系可知，前者产生的矛盾是后者的主要矛盾，前者产生的动力也是后者的主动力。因为外部矛盾属于次要矛盾，所以外部矛盾产生的动力为次动力。这虽然从形式上指出了影响体育课程改革文化的主次要因素，但并不是一个绝对的价值判断。作为体育课程改革而言，"蝴蝶效应"被极度地放大，任何一个微小的变化都可以引发一场暴风雨式的改革。因此，从本质上讲也无所谓"主要"和"次要"之说。但是，从引发改革的矛盾来看，由于教学内部文化之间各种关系的错综复杂性与外部文化之间对于体育课程相比较而言要更加复杂得多也更容易发生，这才有了"主动力"和"次动力"之分。

二、体育课程改革文化动力因子

(一) 外驱动力因子

社会文化、教育文化、物质文化和精神文化是影响体育课程改革的重要的外部因素，即外驱动力因子。

1. 社会文化

社会领域的多个层面共同构成了社会文化，教育和社会间存在着密不可分的关系。一方面，教育是文化得以传承的手段；另一方面，社会文化的任何变动都会对教育产生重大影响。中国的社会文化一般具有以下特征：群体本位的价值取向；道德中心化倾向；社会政治权威和文化权威一元化以及封闭性和保守性。这些文化特性对于体育课程改革而言会起到显著的作用。

2. 教育文化

中国教育大致具有以下文化传统：政教合一；注重伦理道德；重经典轻技术；重视基本知识的传授，而方法是经验主义的（传统）；尊师重教，师道尊严。体育课程作为一门技艺性课程，强调的是学生技能的掌握，在乎的是学生的动手实践能力，基于这种大环境下的文化传统，对于体育课程改革具有的只是"冷漠"。重视基本知识的传授，而方法是经验主义的，这一传统一直体现在我国体育课程中。强调技术动作要领，注重学生认知能力的培养，一直是我国体育课程的优势所在。尊师重教和师道尊严是我国另一优秀的教育传统，对于师长的尊重以及教学过程中教师的绝对权威在传统教育中达到了顶峰。然而，随着社会的发展，学生中心和人本主义思想的盛行，在学生和教师之间建立平等的师生关系成为对我国教育传统的一次巨大挑战，这种挑战会伴随着课程改革而进行。

提及教育文化，还有另一种文化现象是不得不说的，那就是外来教育文化。自体育课程诞生之日起，外来教育文化就一直在影响着我国的体育课程改革。虽然我国优秀的教育传统具有悠久的历史，对于体育课程而言起到的推动作用有限，但是它对于体育课程改革的影响从未停止过。

3. 物质文化

文化是上层建筑的组成部分，上层建筑的变动取决于经济基础。在人类的文化世界中，物质文化的发展速度最快，它也经历着比其他文化更为频繁的变化和革新。但可以肯定的是，任何一次体育课程改革都离不开强大的经济实力和雄厚的物质文化作后盾，没有了它们，体育课程改革也就无从谈起。一般而言，在物质文化得以蓬勃发展的时期，体育课程改革也就相应地进行得比较频繁。因此，物质文化作为体育课程改革一个非常重要的外驱动力因子，对于体育课程改革可以起到积极的推动作用。

4. 精神文化

精神文化中对于体育课程改革起主要作用的是经验性精神文化和自觉的精神文化。就我国的习惯、风俗等情况而言，经验性文化直接导致了体育课程在学校教育领域成为一门不受重视的课程。对于体育课程而言，自觉的精神文化是课程自觉的精神文化成果。这正是体育课程改革得以真正实施的动力所在。但是我们还应该注意到，由于文化的超前性，体育课程自身自觉的文化体系总是超前于实际的课程改革，这也就导致"理论与实践脱节"或者"理论指导不了实践"的情况出现。其实，这并不是由于课程改革中哪一因素疏忽所致，而是自觉的精神文化属性使然。体育课程作为单纯的学科发展，自然要比实际的实践领域超前得多，因为它缺少了物质文化的羁绊，摆脱了制度文化的束缚，也就显得要自由得多。而精神文化对于体育课程改革的影响更多地停留在理论层面，并不能真正地指导体育课程改革，要借助一定的方法、手段才能发挥自身的影响力。但是，精神文化的确是每次课程改革的真正发起者。可见，精神文化作为体育课程改革一个非常重要的外驱动力因子，对体育课程改革所起到的积极作用是毋庸置疑的。

（二）内驱动力因子

教师、学生、体育教学目标、体育教学方法、体育课程内容和体育课程评价是影响体育课程改革的重要的内部因素，即内驱动力因子。

1. 教师

教师是向学生传递人类积累的文化科学知识和进行思想品德教育，并把他们培养成为一定社会需要的人才的专业人员。通常意义上我们所理解的体育教师在体育教学中主要发挥以下四种功能。

第一，知识经验的传授者。教学直接起源于人类知识经验的传递，这个传递的过程就是把成人社会的知识经验传递给新一代儿童，从本质上说就是一种文化的传递。在这种文化传递的过程中，出现了这样一种情况，即成人社会的知识既然变成一种面向下一代所要传递的文化，必然已经发生了外化和客体化，并且是有针对性地客体化。但是，对于这种文化的接受者——儿童而言，其本身是无法直接消化这些成人化的文化的（尽管它们已经被尽可能地客体化），所以在这两者之间不可避免地出现了"真空状态"。人类文化为了顺利传递，必然要打破这种界限，于是，作为知识经验传递者的教师也就自然而然地出现了。

第二，教学活动的组织者。教学活动是一个有组织，经过严格设计、策划才可以实施的活动，它必然需要一个组织者。对于基础教育而言，这个组织者必定是教师。对于体育课程而言，由于存在大量的活动性教学内容，甚至还带有一定的危险性，教师的组织者身份必须在最大限度上得到认同。这与"教师权威"抑或"儿童中心"并无多大关联，这是由教学本身性质所决定的。

第三，学生学习的引导者。教学过程本身就是一个"教"与"学"的过程。现有的知识中包含千百年来人类社会的文化精华，必须依靠教师，通过"认知"的方式才能传递，这是毋庸置疑的。只不过过去更加突出教师的"教"，现在则强调学生的"学"与教师的"引导"。就体育课程而言，随着信息化社会的快速发展，学生获取信息的渠道大大拓展，大量的新兴知识进入课程，其中有很多也是教师需要学习的。因此，教师作为学生学习的引导者必须引导学生学习，这同样是学生认知的重要手段之一。

第四，课程的研制者。教师作为课程的研制者，将会成为体育课程改革中一个新的动力来源。在传统的课程体系中，教师只能被动地作为课程的实施者，其主观能动性大打折扣。但是，伴随着新的课程改革，体育课程管理已经从中央集权变为中央、地方与学校三级分权，从根本上明确了体育教师"课程研制者"的角色。从这个意义上说，今后体育教师不仅会参与体育课程改革，而且将会直接推动体育课程的改革，成为体育课程改革的一个重要动力因子。

综上所述可以判定，教师在体育课程改革中扮演了极其重要的角色，成为影响体育课程改革的、重要的内驱动力因子之一。如果失去了教师，体育课程改革将会变得没有意义。

2. 学生

学生作为教学活动的对象，在体育教学活动的全过程中占据着关键地位。在深化体育课程改革的总体过程中，学生呈现出如下特性。

(1)"人"的不确定性

现代教育学逐渐认识到，在教学的过程中，学生是一个具有能动性的主体，具有发展自身的功能。学生作为一种实践对象，并不是消极、被动地接受塑造和改造，他能够意识到自己是被他人塑造和改造的，能够自觉地参与教育过程，与教师共同完成教育活动。同时，学生还是具有思想感情的个体，具有自身独立的人格，有自己的需要和尊严，并且能够在适当的条件下产生一定的创造性。因此，在体育课程改革中，学生是具有话语权的，毕竟他们直接参与改革的过程。但是，学生还是一个发展中的人，具有与成人并不完全相同的身心特点（主要表现在生理、心理的发育还并不成熟），具备相当大的可发展空间，在他们身上所表现出的各种特征还处于变化之中。因此，学生需要获得成人的教育关怀，需要教师给予适当的引导。这种特征表现在体育课程改革之中就是通常人们所说的教师主导型课程。由于学生身上具有"人"的不确定性，这为体育课程改革增加了不少难度，因为课程的设置者很难用一种眼光来审视学生，给予他们在课程改革一个准确的定位。但也正是这种不确定性，促进了体育课程进行调整、改革，以适应、满足学生不断变化的需求。

（2）永无止境的超越性

培养与激发人在超越自身方面的潜能，是教育目的之一。而体育课程改革最大的动力源是学生对自我的不断超越。当学生掌握体育课程标准要求的目标之后，学生将不再满足当前课程标准。由此可知，体育课程改革的关键性依据是学生对自身的超越需求。对于学生而言，他既是体育课程改革的重要参与者，也是体育课程改革的参与主体，还是体育课程改革中一个重要的内驱动力因子。

3. 体育教学目标

体育教学目标是在学生实际参与的和体育内容相关的教学情境中，对最终学习成果的预期标准。体育教学目标的灵活性与实用性十分显著，是开展具体的体育教学活动的重要依据。与此同时，针对教学过程和教学活动，体育教学目标还具有定向作用。具体来说，体育教学目标主要有以下三个方面的功能。

（1）标准功能

标准功能就是课程与教学目标对课程检查、评估产生的标准作用。体育教学目标的标准功能体现在三点。

首先，在选择体育教学内容和体育教学方法时，要以体育教学目标为依据。体育教学内容丰富，不仅有常见的体育运动项目技能，还有与体育、保健有关的知识与技能。正确、合理的体育教学目标的重要性包括：①可以对体育教学内容起到界定作用；②可以对体育教学内容起到导向作用；③可以对体育教学内容进行有价值的判断；④当体育教师面对特定的教学内容时，可以为体育教师选择适宜的教学方法提供依据。

其次，在组织体育教学活动时，要以体育教学目标为依据。体育教学目标的程度不同，对应教学活动组织的严谨程度和方法也会存在很大的差异性。

最后，体育教学目标是体育教学评价的基础性标准。体育教学评价是依据体育教学目标对体育教学中的"教"与"学"的过程和结果所进行的价值判断和量化工作。体育教学评价的目的是通过客观、公正、及时、可靠地评定体育教学工作的质量和效果，发现体育教学活动中的优点和不足，提供具体、准确的反馈信息，促进体育教师认真分析教学中的成败得失，帮助其改进教学工作，促进教师自身的发展和教学水平的提高。

（2）激励功能

激励功能是体育教学目标的另一重要功能。正是由于它的存在，才使得体育课程成为一座永不停摆的时钟。按照马斯洛的需求层次理论，人的需求是不断发展的，每达到一个层次都可以得到一种"高峰体验"。正是这种不断的"高峰体验"才促使学生不断发展，从而直接或间接地促进了学科发展。也正是这种永不满足的"高峰体验"，成为体育课程改革的一个重要的影响因素。

此外，随着学生身体素质的不断变化，体育教学目标也会处于不断的变化之中。由此可以认为，体育教学目标既激励着学生前进，又激励着体育课程不断改革。

（3）导向功能

导向功能很恰当地描述出了体育教学目标在体育课程改革中的作用。导向仅仅是指明方向，一旦体育课程革新之后，它的发展就会处于一种"自组织"的状态，也就不会完全按照课程制定者最初的意愿发展。因此，体育课程的发展只能按照课程设计者的"导向"前进。因为这种导向的功能并不能完全勾勒出体育课程发展的轨迹，所以体育课程的实际发展注定要与体育教学目标发生矛盾，从而引发新一轮的体育课程改革。

纵观体育教学目标的演变过程，由它所引发的体育课程改革并不是立刻就得以表现的，它在一定时期内会为课程创造一个相对稳定的环境，但它对于新一轮课程改革的引发从未停止过，只是始终处于一个从量变到质变的积累过程中。因此，体育教学目标注定是体育课程改革中重要的内驱动力因子之一。

4. 体育教学方法

教学方法是为达到教学目的，实现教学内容，运用教学手段而进行的，由教学原则指导的，一整套方式组成的师生相互作用的活动。

教育实践是教学方法不断创新和丰富的源泉和动力。随着教学实践的不断变革，教学方法也经历着推陈出新的变革过程，这些会成为直接推动体育课程改革的动力因素。

在实际的体育课程改革中，影响教学方法产生和发展的因素是很复杂的，主要影响因素是社会生产和科学技术、文化的发展。正是由于科学技术的发展，使得越来越多的技术手段应用到体育课程改革中，体育课程从过去单一的"讲授法"，发展到了运用"师生交互法""情境教学法"等教学方法，让学生可以更快、更直接地掌握知识。

同样的教学内容，采取不同的教学方法，效果大不一样。在体育教学改革中，教学方法的改革比起教学内容等其他环节容易着手，也往往就成为某一时期或某一学校教学体系改革的突破口，是重要的内驱动力因子之一。

5. 体育课程内容

在体育课程中，体育课程内容涉及很多问题，包括观点、原则等，它们归根结底可以归纳为两对矛盾：形式教育与实质教育内容之间的矛盾，科学主义与人文主义教育内容之间的矛盾。

下面简要介绍这两对矛盾对体育课程内容的影响。

在体育课程中，形式教育更强调重视体育教学的内容、课程和教材的训练价值和心理能力的发展功能。在体育课程中，灌输知识远没有训练官能来得重要。因此，体育课程应该更加强调学生各种能力的培养，而不是简单地获取某一种技能、知识，并且这种培养应该建立在学生主观能动性能够得到更大发挥的基础之上。而实质教育认为，体育课程最主要的任务是有效地训练学生各个器官（如心、肺、四肢）的功能，课程内容应该围绕着它们展开。也就是说，体育课程就应该在不停地训练中展开，体育训练及其相应的作用和价值是体育课程内容选择的一个重要依据。正是由于两种教育观念存在差别，它们都试图掌控体育课程中的话语权，体育课程改革也就成为必然。

科学主义教育内容在体育课程中最典型的代表就是体育锻炼"达标"，一切由数据说话，学生上体育课的唯一价值就是身体锻炼，而衡量身体锻炼的唯一标准就是数据。这种教育观念的直接后果就是体育课程走向了"理科化"的道路，显现出过浓的功利性，又因为过分强调"科学"的一面，而忽视了学生的精神世界，从而丢失了人的精神本性。人文主义教育内容更加注重学生情感、态度、价值观的培养。在体育课程中，这种教育观念呈现出体育课程对于学生心理适应以及社会适应的过多关注。尽管这是以一种良好的动机为出发点的考虑，但容易导致学生身体素质和运动技能、技术的下降。

综上所述，体育课程内容是体育课程改革中一个具有重要影响力的内驱动力因子，它大多以矛盾关系的形式出现，采用从一个极端走向另一个极端的方式，影响着体育课程改革。

6. 体育课程评价

课程评价通常涉及课程的实质，因此课程评价的变化也会导致课程改革。体育课程评价的变化主要体现在教育质量观之间的冲突以及社会与个人本位之间的冲突。教育质量通常有三种形式，即内适质量、外适质量和个适质量。

内适质量直接导致了"教材中心"的体育课程模式。它是按照体育课程自身学科规律产生的。在体育课程的实践中，这种观点认为，要想学会 400 米跑，必须先学会起跑、直道技术、弯道技术以及冲刺技术，否则这种认知是无法进行的——这是由这项技术自身所决定的，而这种教学模式是由体育学科自身决定的——这同时也就决定了评价体系是建立在内适质量之上的。

外适质量在体育课程中体现在要根据社会需要制定体育课程教育目标，最后以教育目标的实现程度判断体育课程的质量。例如，当前社会迫切需要身体、心理都健全的劳动者，在新的体育课程改革中，就特别突出了心理健康和社会适应，相应的课程评价也就向这一领域倾斜。因此，依据外适教育质量观制定的评价标准对体育课程进行评价，就成为一种目标参照的绝对评价。

体育课程评价作为体育课程过程中的某一个重要的"终端"，对于体育课程而言，它的重要性是不言而喻的。一旦课程评价发生了变化，必然会引起一连串的连锁反应，从而给体育课程带来"多米诺效应"。由此可见，体育课程评价作为体育课程改革中一个具有决定性影响的内驱动力因子，其作用不言而喻。

三、体育课程改革文化动力的特点

动态性、突变性、方向性、层次性、协同性和差异性是体育课程改革文化动力的主要特点。

（一）动态性

体育课程改革的文化动力拥有动态性特征，原因在于体育课程始终处于持续变化中。无论体育课程改革成功与否，其均会推动体育课程变化，为体育课程持续发展注入源源不断的动力。随着社会的不断发展，不同文化因素也在变化与发展，在不同文化因素的彼此作用和影响下，体育课程改革也在持续进行。

（二）突变性

突变性是文化动力的一项基本特征，是针对课程内部的突变。在体育教学的实践活动中，当对应改革被人们注意到时，突变已经处于完成状态，即文化动力已经由量变达到质变。换言之，体育课程改革文化动力特征的重要反映是体育课程内部体系中人们难以察觉、关系复杂的突变现象。因此，其具有突变性特征。

（三）方向性

文化特有的性质决定了体育课程改革的文化动力具有方向性特征。方向性是开展体育课程改革的指导性依据。例如，向学生传授体育的基本知识、基本技术和基本技能是过去体育教学的重要目标，因此当时体育课程改革也紧紧围绕这一目标展开。

（四）层次性

即便同为促进或阻碍体育课程改革的动力，根据不同动力发挥的作用不同，其有主动力和次动力之分。而且，各种文化因素对于体育课程改革的影响会表现在不同层面。因此，体育课程改革文化动力具有层次性的特点。

（五）协同性

协同性特征广泛存在于各项文化动力因素之间，不同因素相互协调，致力推动体育教学的健康持续发展。而且，相互竞争、相互合作的现象广泛存在于文化内部各影响要素中。此外，在特定的课程改革过程中，合作精神会被不同文化因素呈现出来。

（六）差异性

差异性是指文化动力对体育课程改革的影响各不相同。当文化系统相同时，时期和领域的不同，也会呈现出很大的差别：在历史长河的不同阶段，体育课程受政治文化的影响各不相同，如在大力发展竞技体育的阶段，体育课程的竞技化特征明显。

第二节　体育教学与校园体育文化的关系

一、体育教学

（一）体育教学的概念

体育教学是指学校开展的目的性强、组织性强的体育教育过程。教师和学生是体育教学实践活动的主要参与者。有效传递给学生体育知识、体育技术以及体育技能，提高学生身体健康水平，使学生养成良好的意志品质是体育教学的主要任务。体育教学属于学校体育教育的基础形式。

（二）体育教学的构成要素

1. 参与者

教师与学生是体育教学的两大参与者。在体育教学过程中，教师具有外部主导作用，计划功能、组织功能、传授功能、管理功能、监督功能以及调控功能是教师功能的主要体现，教师的敬业状态、综合业务水平、实际组织能力等因素都会直接影响体育教学质量。学生不仅是教师施教的对象，而且在体育教学过程中占有主体地位。在体育教学实践过程中，学生不应只被动接受教师传授的知识与技能，应高效调动自身智力因素与非智力因素，充分发挥自身主观能动性，这样学习效果才能得到本质提高。

从整体角度来说，学生对体育教学具有制约和调控功能。在体育教学过程中，学生群体并非只存在共性，在众多因素的影响下，学生群体也会呈现出很大的差异性。学生参与体育教学的能动性大小，直接影响着体育教学质量。有机结合学生身心特征，将学生主观能动性充分调动起来，获得学生信任与认可，是体育教师的重要职责之一。

2. 施加因素

在体育教学中，教学任务、教学内容、教学大纲、教学计划等能够充分反映社会向学生提出的要求，这些不仅是体育教学的外部施加因素，而且充当着"教"与"学"的重要联结纽带。其中，教学任务与教学内容具有显性价值和隐性价值。要想高效推动学生身心和谐发展，必须处理好显性价值与隐性价值的关系。

3. 媒介因素

在特定的时间和空间内，对于信息进行有序传递的过程就是体育教学。高效提升体育教学质量的重要影响因素是媒介条件。组织教法、场地器材、环境设备是信息得以传递的必备媒介。组织教法是根据体育教学目标，使学生、教材、物质媒介有效串联，组织教法能够调控体育教学。场地器材和环境设备属于物质条件。对于体育教学媒介来说，其必备特征是实用性、安全性、抗干扰性、针对性、可靠性。

分析体育教学实践可知，动态结合和变化多样是参与者、施加因素、媒介因素的重要特征，其中要高度重视体育教师的外部主导作用。为此，体育教师要达到四个方面的要求。

第一，要对教学艺术展开深入学习和运用。

第二，要充分调动学生的主观能动性。

第三，要调控好体育教学的参与者、施加因素、媒介因素。

第四，要尽全力完成体育教学任务。

（三）体育教学需要注意的问题

1. 依据人体的发育规律

通过分析我国体育教学的当前状态可以发现，我国体育教学在很大程度上受受教育者的人体发展规律的影响与制约。综观人体发育的全过程，有几个敏感期对培养体育素质有至关重要的影响，紧抓敏感期开展体育教学的效果十分显著。我国国民多项素质发展的最高值在学生阶段，其中大学时期尤为集中。大学体育教学要想使大学生的各项需求得以满足，制定科学性强、系统性强的体育教学计划是极为必要的。

2. 依据个体参与体育运动的兴趣与能力

要想提高体育教学效果，吸引学生注意力和激发学生体育运动兴趣是必要条件。

首先，体育教师要培养学生学习兴趣，把学生生理特点、心理特点以及智力特点作为参考依据，有机结合体育运动的趣味性、目的性以及对抗性，采用循序渐进的方式使学生掌握相关知识，获取各项能力。

其次，教师要将培养学生体育运动兴趣放在重要位置，使学生的体育运动欣赏能力和体育运动参与能力得到本质提升，促使体育运动成为学生的终身爱好。

3. 以促进个体综合素质的全面发展为目标

体育运动要同时发展学生的运动技能与综合素质。在德育培养方面，某些特定运动项目要求学生战胜内外部两方面的困难，旨在推动学生获得超脱常人的意志力。面对任何困难，学生都要将道德规范与道德准则放在第一位，通过自身努力实现终极目标。在智育培养方面，许多体育运动项目均对体育运动者的判断能力、分析能力、思维能力、想象能力提出了较高要求，致力充分开发学生的智力。在美育培养方面，使学生美的感受能力、美的鉴赏能力、美的表现能力、美的创造能力体现在体育教学的方方面面。由此可知，在制定教学目标时，要将体育教学内容的合理性放在重要位置，使学生的综合素质得到全面发展。

二、体育教学与校园体育文化的关系

（一）体育教学是校园体育文化的基础

任何文化都需要特定的群众基础，形成校园体育文化同样需要学生作为群众基础。学校要想拥有良好的体育文化基础，将体育教学作为基础是极为必要的。

（二）体育教学能够促进校园体育文化的发展

校园体育文化的主要思想和意图是：培养学生的体育精神、体育意识、体育技能，使学生的体育文化素养得到本质提升，全面推动学生的身心健康发展，同时将此设定为目标，开展丰富多彩的校园体育文化活动。在体育教学过程中，能够推动学生身心全面发展，使学生在体育精神、人文精神等方面的体育素养得到本质提升，并形成健康的人格品质，从而促进校园体育文化的发展。

体育教学促进校园体育文化的发展表现在以下四个方面。

1. 体育教学对大学生体育精神文化的培养

体育精神是一种文化意识形态，是通过体育运动而形成并集中体现出人类的力量、智慧与进取心理等最积极的意识的总和，是人们在体育实践中所形成和展现出来的体育意识、体育思维、体育价值观念的升华，是体育运动的最高产物。体育精神具有启发和培养人们体育意识、集中表现人们的体育价值观念的意义和作用。此外，体育精神是在体育运动这种社会文化现象中表现出来的，体现体育运动本质和特点的精神活动，是人的精神风貌的重要组成部分，是一种催人奋进的崇高的人类精神。

体育教学可以把体育精神的教育贯穿整个教学过程，培养学生为实现自己崇高理想而不断奋斗、不断向新的高峰攀登、永不满足不断超越自我等体育精神。

（1）自强不息的拼搏精神

在体育教学中，可以将奥运精神和优秀运动员刻苦训练的事例作为素材，穿插在理论课学习中，通过体育赛事感染、影响、教育学生，让学生懂得体育之所以风靡世界、经久不衰，其魅力就在于自强不息的拼搏精神，激发他们体育锻炼的热情，帮助他们树立正确的学习态度，勇于克服学习中的各种困难，从而提高学生的学习动机。

（2）费厄泼赖的竞争精神

费厄泼赖的精神作为体育精神指的是"公平友好地竞争"精神，这是体育竞赛最显著的一个特点，也是体育文化所表现出的一个优点。体育教学中同样离不开公平友好的竞争精神，新时期大学生由于生活条件优越，部分学生存在怕苦怕累、意志薄弱等缺点。体育教学可以正确引导学生相互对比，激发学生不服输的好胜心，促进公平竞争意识，培养学生的竞争精神，提高学生的体育兴趣，达到锻炼身体，强健体魄的目的。

（3）对真善美的追求精神

体育要求真功夫、真本领、真表现。体育追求人类自身的完美和发展，促进人类文明程度的提高，这是它所追求的善。在体育活动中，学生可以学会欣赏美，如跆拳道的动感美，体育舞蹈的流线美，球场的飒爽英姿、不屈不挠的英雄气概美。总之，通过体育教学，学生可以学会并发展校园体育文化中对真善美的追求。

2. 体育教学对学生人文素质文化的培养

在学校中，学生尊重知识的同时也对教师产生崇拜敬爱的情感，体育教师作为影响大学生发展的重要因素，其素质高低直接影响人才培养和体育教学的效果。教师的言谈举止会直接影响学生对学校、教师，甚至与此相关的知识领域的憧憬和发展方向的确立。因此，体育教师在教学中，应该用一片爱心、娴熟的运动水平、高超的技能，去感染学生，诱导学生个性和谐发展，创造一个有利于学生提高人文素质的良好环境。

体育教学对学生人文素质文化的培养表现在以下几个方面。一是通过教师良好形象和较高素质的影响，创造出有益于提高学生人文素养的健康环境；二是通过人文精神显著的体育项目，拓宽学生的体育视野，高效培养学生参与体育运动的兴趣，强化学生的主观能动性，形成轻松快乐的校园体育文化氛围；三是通过运用合理的教学方法，高效发挥学生的主体作用，使学生养成终身体育的良好习惯，强化校园体育文化对学生个体的影响。

3. 体育教学对学生思想品德文化的培养

体育教学不仅能对学生展开思想品德教育，而且在体育教学的各个环节均发挥出思想品德教育的作用，使学生在掌握体育知识的同时，形成优良的道德意志作风。

4. 体育教学对学生心理素质文化的培养

（1）克服学生心理障碍

几乎所有的运动项目都要求参与者具有勇敢、坚持、不怕困难等良好的意志品质和乐观、友爱、愉快、合作等多种感情。在不同的体育项目，通过体育教师正确的引导，学生可以克服各种心理障碍。例如，篮球、排球、足球项目强调参与意识、合作精神、集体荣誉感，通过参与这些项目，学生可以克服孤独、不愿交流等心理障碍；跆拳道练习时，需要一边展示动作，一边发出声音，可以使学生在大家高涨的练习情绪中被感染，逐渐克服自己拘谨、胆怯的心理；参加体育舞蹈锻炼时，优美动听的音乐、活泼欢快的气氛、美妙动人的舞蹈，会感染在场的每个人，使人忘掉生活中的忧愁和烦恼，随着强有力的旋律翩翩起舞，逐步克服胆怯、恐惧，培养学生自信、自强的心理品质；太极拳练习能够缓解学生急躁、易怒等性格；瑜伽具有治疗心理疾病的功能，学生可以在曼妙的音乐声中冥想，以达到重新调整情绪、治疗心理疾病的目的。

（2）培养学生良好的人际交往能力

人际关系是心理环境中最敏感、最有影响力的因素。在生活中可以发现，拥有良好的人际关系的人总是心情愉快，精神饱满，对任何事都充满兴趣。体育教学有助于培养学生竞争意识和团队合作能力，在团队合作中，可以提高学生的人际交往能力。例如，在定向越野团队赛中，所有学生必须听从队长安排，既有分工，又有合作，一起研究讨论地图，商量最佳方案，只有每位学生的能力都得到足够重视，才能不漏点，不重复打点，快速完成任务。

（3）培养学生坚强的意志力

在体育课教学中，学生需要通过身体来完成各种各样的动作，所有的体育项目对于初学者来说都是一项挑战。尤其对于体育运动能力差、动作不协调的学生来说，学习一项体育项目会面临精神和心理上的极大挑战，这就需要有超强的意志力，完成一遍遍的练习任务。对于这些学生来说，他们首先需要记清老师在课堂上讲述的动作要领；其次，必须在较短的时间内吃透内容并且付诸行动。例如，在学习武术套路时，学生既要做好每个动作，又要记清整个套路，如果其他同学能够熟练完成，而自己只记了几个动作，这将给学生带来挫败感，会使其失去自信心，甚至怀疑自己的能力。因此，在体育教学中，教师必须鼓励学生，让学生克服困难，凭借顽强的意志力完成学习任务。这对培养学生顽强的意志品格具有非常重要的意义。

（三）良好的校园体育文化能够提升体育教学质量

良好的校园体育文化氛围主要有两方面作用：一方面，可以充分调动学生对体育运动的学习兴趣，陶冶学生的情操，促进学生身心健康发展；另一方面，可以强化学生的竞争意识与团队意识，实现学生全面健康发展。鉴于此，体育教师应当积极开展和参与校园体育文化活动，充分发挥自身的指导作用。

对于校园文化建设以及学生体育参与体验，校园体育文化具备的价值极高。教育性是校园体育文化价值的显著体现，同时体育文化核心也是"育人"。校园作为传授知识的重要场所，集德育、智育、美育于一体，而校园体育文化同样是集德育、智育、美育于一体。因此，在不同学校中，体育教学及其衍生活动都是必不可少的必修课程与业余活动。

第三节　学校体育教学中体育文化的传承

一、体育文化的传承机制

体育专属人类社会文化，是人类体育运动在物质、制度和精神文化方面的融合体，主要由以下几个方面构成，即体育物质文化、体育行为文化、体育精神文化。和多数的人类文化一样，体育文化同样也致力全面发展人民群众的身心健康和提高社会的政治经济水平。究其本质，从属文化之列，体育文化的反映，既体现在体育器材设施、体质健康等物质层面，还体现在知识、规则和制度等精神层面。体育文化的发展主要靠体育文化传承来推动，因其特性具有迁移性，故在特定的教学情境下，体育文化的传播会从情境教学转移到非情境教学，进而在大众中进行更深一层次的发展。个体之所以使自己的行为和态度与群体保持一致，是因为在群体行为一致的压力下，个体尝试摆脱与群体的矛盾，为增加自身安全感从而做出的抉择。群体主要通过感染或同化的方式对个体产生影响。个体之所以会产生与群体一致的行为，是因为受到群体精神层次的暗示，在此过程中，人们彼此之间相互作用，相互影响，接二连三地形成了链式效应，导致最终的结果是：个体行为普遍趋同于群体。社会文化生活中的从众行为也涉及学校的体育文化传承，学校对个体实行的体育文化传承主要通过传递专有信息，该信息是以呈现运动技术为主的体育文化。也就是说，通过教师或体育骨干向学习个体传递体育文化价值观，并以一种直观的方式向学习者展示具体的行为操作，形成一种强大的感染气氛，从而对影响个体做出决策起到至关重要的作用。个体接收到于己有益的信息，并通过自身行为表现于外，久而久之，通过对行为的不断重复，个体本身也会不由自主地被变相地卷入体育文化传播者的行列，并逐渐崇尚体育理念，养成终身体育的良好习惯。在学校的实际体育教学过程中，有一些群体的体育文化素养稍微高出一个层次，他们对操作性知识有着更熟练的掌握水平。此时，明显的差异就显现在高水平群体和较低层次的个体之间了，这对较之稍低水平的个体会产生群体压力，导致其在行动和信念上改变自己先前的观念，舍弃初念，进而造成了从众行为的产生。若此时，学校出现了若干高水准的运动队和有潜力点燃学生运动激情的"明星运动员"，那么，此时个体便会倍感压力，由于受到学校体育文化的强烈感染，他们会在彼此之间交互传递信息，从而形成学习体育文化的气氛和浪潮，进而促进学校体育文化的传承与发展。

二、体育文化的传承措施

体育文化形成的基础条件是人类长时间的体育运动实践。在人类拥有的众多财富中，体育文化属于一项极为重要的精神财富。在体育教学的实践过程中，必须将传承文化和发展文化放在重要位置。这里重点对学校体育教学中体育文化的传承措施进行分析。

（一）从根本上提升学生的体育素养

体育教学的作用有：提高学生的综合素质；提高学生的体育素养；提升学生的身体健康水平；推动素质教育的良性发展。体育素养是人们学习和掌握体育知识和体育技能后形成的正确体育认识、正确体育价值观以及待人接物的态度等。

从本质分析，文化传承活动属于人的创造性活动，所以文化传承和发展的最终结果取决于人的素质。传承是延续体育文化的重要条件，动态性是传承体育文化的显著特点，而传承体育文化的载体是人。在传承体育文化的过程中，传承人扮演着关键性角色，只有传承人不断提升自身综合素质，不断提高研究深度，汲取各方面的优秀成果和经验，才能充分发挥自身潜质，进而将体育文化精髓与多项内容充分掌握与吸收。从整体角度进行分析，学生体育素养的提高可以为传承体育文化奠定坚实基础。

（二）主动变革体育教学形式与内容

1. 变革体育教学形式

因材施教对于体育教学的开展是极为必要的。在体育教学过程中，应促使学生在选择体育运动项目时充分结合自身爱好；同时，针对身体素质有待提高的学生，应当对其提出限制选择项目的指导和说明。总之，在体育教学过程中，体育教师应指导学生在深入理解体育文化的基础上，结合自身实际，对运动项目做出最为恰当的选择。

2. 变革体育教学内容

（1）教学内容的变革

体育教师在选择与确定具体教学内容之前，应当对学生现阶段的身心特征以及现有体育水平进行深层次了解。体育教学内容有促进作用，但要想真正发挥体育教学内容的促进作用，体育教师的正确指导是不可或缺的。因此，体育教师要对学生的学习过程进行良好引导，使教学内容成功转化成学生需要的内容，并且让学生认识到教学内容的重要性，只有这样才能将"教"和"学"融合起来，推动教师和学生共同进步。由此可知，教学内容的正确选择对于学生学习体育知识、提高身体素质、养成良好运动习惯均有积极影响，科学的体育教学内容在推动学生成为德才兼备人才的同时，也能保证学生不丧失自己的个性。

体育教学内容不仅在体育教学中占有重要地位，而且对体育教学全过程具有关键性作用。体育教学内容是师生间联结的纽带，能够强化师生的信息沟通。要想更好地适应时代发展需求，体育教师在选择教学内容时不仅要与特定依据相符合，还要认真遵循特定原则。

（2）体育教学模式的变革

要想使学生的体育文化水平达到质的飞跃，必须彻底打破传统体育教学模式的限制，使课堂环境达到轻松、快乐的要求。要想达到师生良性沟通的目的，师生间的和谐关系是必要条件。师生间只有具备和谐关系，才能实现有效对话和双向理解。同时，在课堂教学过程中，只有教师情绪状态好，才能使课堂氛围轻松，才能有效调动学生参与互动的主观能动性。为此，教师要持续调整自身态度，努力使师生关系更加融洽，从而推动体育课堂教学顺利开展。

在体育教学的实践过程中，教学者和管理者是教师同时具备的两种角色，提升教学质量的基础性条件是管理好课堂。要想管理好课堂，体育教师要做到编班、分组、建立课堂常规、给学生做思想政治工作、激发学生学习的积极性、灵活运用教学手段、控制运动密度和强度、正确使用场地设备、及时做好安全措施、规范师生服装等。

（三）积极转变教育观念，借鉴先进教育理念

注重推动学生全面发展的体育教学将提高学生身体素质设定为长期目标之一，将培养体育意识与体育心理放在突出位置，最终取得了可喜的效果。由此可知，积极转变体育教学观念尤为重要。

从现代体育教学的角度出发，终身体育教育理念占有重要地位。终身体育思想的观点是：在个体的不同时期和不同阶段，均应当密切联系自身实际需求，积极接受体育教育，参与与自身情况相符的体育锻炼。终身体育教育指个体终身进行体育锻炼与接受体育教育。具体来说，可将终身体育划分为两个方面。

第一，个体在一生中持续参与体育锻炼，实现提高身体素质和促使身心健康的目的。

第二，为个体不同人生阶段和不同生活范围提供体育锻炼的机会。

只有持之以恒地参与体育锻炼，才可以实现预期的锻炼目标。在实际生活中，人们应将自身实际情况和体育锻炼内容、体育锻炼方法有机结合，针对自身变化来对锻炼内容和锻炼方法进行合理调整，树立终身体育意识。

第四节　体育教学与校园体育文化融合发展的途径

体育教学和校园体育文化融合发展的途径主要包括以下四个方面。

一、完善体育竞赛体系，开展大学生体育文化节

每个学生公平参与各项体育活动的权利，是所有学校应当予以尊重与实现的。在实际教学过程中，学校和教师要对各项体育竞赛活动进行全力革新与完善，充分挖掘和发挥体育竞赛活动的价值和功能。在安排各项群体活动项目时，要将学校实际情况作为重要依据，优先安排传统项目与重点项目，妥善加入一些激发学生运动主动性的体育活动，同时兼顾活动的可执行性以及提升运动水平的目的性；要对全面运动会计划展开统一安排和规划，考虑到学校教育计划、气候变化、国家法定节假日以及项目数量等众多因素。在进行具体安排时，要有所侧重，将不同类型的运动会项目合理安排于整个学年中；要尽量把学校大型运动会或大型竞赛活动安排在每年的同一时间，使其成为学校特色与传统。

体育文化节是以全体高校师生为主，以竞技体育、健身体育、娱乐体育为一体的形式，促进师生身体锻炼和身心健康的文化活动。体育文化节对于师生具有重要的作用。

首先，体育文化节可以拓展师生的体育视野，调动他们体育锻炼的积极性。

其次，体育文化节有助于增强学生体育意识，为学生提供施展体育技能的平台。

最后，体育文化节以公平竞争、团结协作、拼搏进取为宗旨，以"健康、快乐、文明"为目标，可以传播大学体育价值观念，激发学生体育兴趣。

对于体育文化节的实现，高校可以利用自身的体育资源，承办各类体育赛事，使校园年青一代青春焕发、豪情荡漾，激涌出令人振奋的希望，丰富高校的校园文化生活，促进大学体育文化的建设；可以通过承办一些在全国范围内影响较大的公益性体育娱乐赛，充分利用明星的社会价值精神价值，带动众多大学生对积极健康生活方式的追求，以丰富大学体育文化生活。

对于体育文化节的举办，高校要将学生放在主体地位，充分发挥教师的主导作用，并将其开展范围锁定在学校内。因为春秋两季能够为多项体育活动提供适宜的气候，所以选择在春秋两季开展的运动相对较多。通常情况下，体育文化节会维持两周时间，学校特色和所属地域不同，体育文化节的内容也会存在很大差异。体育文化节应当同时包括很多类型的运动项目，进而提高学生参与的积极性。

总的来说，开展校园体育文化节，不仅能让学生深入认识体育文化，还能让更多学生参与传承和弘扬校园体育文化的队伍。对于体育文化来说，校园文体活动能够使其在学校范围内传播得更加广泛，因此学校应当积极开展体育文化节活动。

二、重点建设校园体育文化环境

在我国大力革新和发展学校体育的情况下，高校有关部门和领导必须将强化校园体育文化环境建设置于重要位置，还要适应时代变迁向校园体育文化发展提出的各项新要求。

三、优化教学管理理念

革新体育教学理念、创新体育教育体系，是融合体育教学、体育文化的基础性途径。在学习过程中，学生不仅要主动参与其中，而且要积极带动其他学生的主动性，不应将获取学分作为参与体育课的唯一目的。体育教师要将体育教学的终极目标向学生说明清楚，还要时刻尊重学生的主体地位，重视发挥学生的积极性，解放其学习方面的天性。学校要积极推动体育课程改革的整体进程，将部分注意力放在培养学生树立终身体育意识方面。当前，我国大学三年级和四年级没有体育课的现状，在大学三年级和大学四年级，可以适当加入某些休闲体育运动项目，使学生持续参与体育锻炼。

四、以体育俱乐部为载体，大力宣传体育文化

因为学生参与课外活动的目标有提升身体素质、提升体育技能、通过相应考试等，所以课外活动有不同的目的与任务。参与体育课外活动、完成体育活动规定的某些任务、达到学校体育终极目的是学校向社会输送全面发展人才的目标之一，是学生身心发展的客观要求。对此，一般情况下，学校会建立系统性极强的相关制度，采取各种措施，最大限度地提高学生参与体育课外活动的主动性。

近些年，校内体育俱乐部活动受到广大学生的欢迎，学生可以参照自身在体育方面的优势和喜好自愿加入。而且，校内体育俱乐部导向性明显，体育活动的最终效果好。目前，单项俱乐部与综合俱乐部是学校体育俱乐部的两种重要形式。

体育俱乐部是发挥学生学习主动性的新教学模式，体育俱乐部强调学生的自主参与，它以培养学生的身体和身心为目的。体育俱乐部可以吸引兴趣爱好相同的学生参与俱乐部，通过共同的体育锻炼，这些学生可以相互学习彼此的长处，同时体育俱乐部开展的一系列体育竞技活动，可以增强学生之间的感情，形成强有力的凝聚力。因此，通过体育俱乐部可以很好地宣传大学体育文化，培养大学生的体育道德、体育竞技精神等。为有效开

展体育文化宣传，提升大学生体育素质，高校要给予体育俱乐部一定的支持，丰富俱乐部的体育文化活动，为体育俱乐部的体育活动提供必要的物质、精神支持，还要积极借助俱乐部开展的一系列活动进行体育文化的宣传与教育。

高校体育俱乐部的建设要依据学校场地器械、学校综合师资水平、现有体育优势等。在管理校内体育俱乐部时，高校应当安排专人负责与管理，密切结合本校体育工作的整体规划与各项具体计划，科学确定体育活动的各项目标、具体运营方式、具体人员安排等。此外，高校在筹集经费、合理分配和安置体育场地和体育器械方面也要做好相应工作。

总的来说，高校体育俱乐部的实际建设情况不仅是对不同社团的组织结构完善情况的客观的反映，而且能够宣传体育文化，进而推动校园体育文化的发展。

参考文献

[1] 李进文. 高校体育教学与体育文化融合发展研究［M］. 北京：中国原子能出版传媒
有限公司，2021.

[2] 沙茜. 体育教学与体育文化融合研究［M］. 北京：北京工业大学出版社，2019.

[3] 王和鸣. 民族传统体育文化在大学生体育健康教学模式中的融合与发展［M］. 北京：
北京工业大学出版社，2019.

[4] 吴江. 体育教学与文化融合［M］. 北京：冶金工业出版社，2015.

[5] 邱建华，杜国如. 体育与健康教学研究［M］. 南昌：江西科学技术出版社，2019.

[6] 杨艳生. 体育教学改革与创新实践研究［M］. 长春：吉林人民出版社，2021.

[7] 张征. 校园体育文化环境与体育社团建设研究［M］. 北京：中国书籍出版社，2019.

[8] 兰涛. 跆拳道训练与体育文化［M］. 北京：中国政法大学出版社，2018.

[9] 李世宏. 传统教育视角下中国古代体育文化研究［M］. 上海：上海人民出版社，
2018.

[10] 尹新. 大学群众体育发展研究［M］. 长沙：湖南大学出版社，2020.

[11] 张力作. 体育课程教学优化及其与信息技术融合的探索［M］. 北京：中国书籍出版
社，2019.

[12] 刘佳，南子春，马占菊. 校园体育文化的建设与发展探究［M］. 北京：中国纺织出
版社，2021.

[13] 钱锋，喻汝青. 中国体育建筑 150 年 1840—1990［M］. 上海：同济大学出版社，
2021.

[14] 赵金林. 校园体育文化建设与实践探究［M］. 北京：中国书籍出版社，2018.

[15] 陈玉群. 体育教学研究［M］. 北京：光明日报出版社，2016.

[16] 张鹏. 高校体育文化教育与运动研究［M］. 长春：吉林科学技术出版社，2020.

[17] 陈伟. 王阳明心学与现代体育［M］. 北京：冶金工业出版社，2019.

[18] 薛文忠. 民族传统体育文化与研究生体育健康教育研究［M］. 长春：吉林大学出版

社，2017.

[19] 李永明，吴志坤. 传统体育 ［M］. 北京：中国中医药出版社，2016.

[20] 龚应坤，卜继泉，方园. 体育与健康 ［M］. 天津：天津大学出版社，2016.

[21] 严美萍. 高校健美操与校园体育文化的协同发展研究 ［M］. 长春：吉林大学出版社，2019.

[22] 谢明. 高校体育教育理论探索与实务研究 ［M］. 长春：吉林人民出版社，2020.

[23] 邱君芳. 体育教学优化与学生综合素养提升研究 ［M］. 北京：中国原子能出版社，2019.

[24] 彭立群. 民族传统体育与学校体育相结合研究 ［M］. 北京：中国商务出版社，2018.

[25] 于可红，谢翔，夏思永. 体育文化 ［M］. 桂林：广西师范大学出版社，2003.

[26] 何祥海. 新时代休闲体育的发展探索与科学参与 ［M］. 长春：吉林大学出版社，2020.

[27] 雷涛. 产学研背景下体育专业人才培养模式的改革与创新 ［M］. 长春：吉林出版集团股份有限公司，2020.

[28] 韩芳. 高校体育教育立德树人协同发展研究 ［M］. 北京：中国商务出版社，2020.

[29] 王莹. 体育舞蹈"中国化"研究 ［M］. 长春：吉林美术出版社，2017.

[30] 舒为平，刘青，王纯. 民族体育传承研究 ［M］. 成都：四川大学出版社，2016.

[31] 李丹丹. 顾拜旦 ［M］. 北京：国际文化出版公司，2019.